新完全掌握
日语能力考试
N5听力
考前冲刺

[日]初鹿野阿礼（初鹿野阿れ）　大木理惠（大木理恵）

中村则子（中村则子）　田代瞳（田代ひとみ）　著

张彤 译

「ポイント＆プラクティス」系列原版引进

严格筛选高频考点，助力广大考生轻松过级

北京语言大学出版社
BEIJING LANGUAGE AND CULTURE
UNIVERSITY PRESS

社图号23265

著者　　初鹿野阿れ　　大木理恵　　中村則子　　田代ひとみ　　イラスト　　広野りお

图书在版编目（CIP）数据

新完全掌握日语能力考试 N5 听力考前冲刺 /（日）初
鹿野阿礼等著；张彤译 . -- 北京：北京语言大学出版
社，2024.1
　　ISBN 978-7-5619-6480-4

　　Ⅰ . ①新… 　Ⅱ . ①初… 　②张… 　Ⅲ . ①日语－听说教
学－水平考试－自学参考资料 　Ⅳ . ① H369.9

　　中国国家版本馆 CIP 数据核字（2023）第 249750 号

新完全掌握日语能力考试 N5 听力考前冲刺
XIN WANQUAN ZHANGWO RIYU NENGLI KAOSHI N5 TINGLI KAO QIAN CHONGCI

责任编辑：郑文全　　　　**封面设计**：创智时代
责任印制：周　燊

出版发行：北京语言大学出版社
社　　　址：北京市海淀区学院路 15 号，100083
网　　　址：www.blcup.com
电子信箱：service@blcup.com
电　　　话：编 辑 部　8610-82301019/0358/0087
　　　　　　　发 行 部　8610-82303650/3591/3648
　　　　　　　北语书店　8610-82303653
　　　　　　　网购咨询　8610-82303908
印　　　刷：北京鑫丰华彩印有限公司

版　　　次：2024 年 1 月第 1 版
印　　　次：2024 年 1 月第 1 次印刷
开　　　本：787 毫米×1092 毫米　1/16
印　　　张：8.75
字　　　数：129 千字
定　　　价：38.00 元

PRINTED IN CHINA
凡有印装质量问题，本社负责调换。售后 QQ 号 1367565611，电话 010-82303590

前　言

"新完全掌握日语能力考试考前冲刺"系列

日语能力考试（Japanese-Language Proficiency Test）是以母语非日语的人为对象，测试并认定其日语能力的一种考试。该考试作为一种证明日语能力的手段，被广泛应用于升学、求职、升职加薪、资格认定等各种领域。通过日语能力考试成为许多日语学习者的目标。

由于应试者的自身情况及其学习目的千差万别，该考试的应用领域不断扩大，主办方于 2010 年对考试内容进行了大规模的改革，主要考查考生"是否具有完成课题任务所需的语言交际能力"。但要掌握数量庞大的日语语言知识并提高对这些知识的运用能力并非易事。尤其是对于学习时间无法保证的人而言，要通过考试更是困难重重。

本系列图书是一套适用于考前冲刺阶段的习题集，旨在帮助各位考生在短时间内快速具备通过考试所需的最低限度的能力，实现通关目标。考生在刷题的过程中能够加深对我们严格筛选的知识点的理解，提高解题的能力。

本书是日语能力考试 N5 "听力" 的习题集。

本书内容特色：

1. 题型与正式考试完全一样，适合用来考前刷题。

2. 解析翔实准确，适合自学。

3. 以列表的形式归纳了必备考点，便于快速突破。

我们经常听到考生说"不擅长做听力题"，这主要是因为听对话的过程中语音会马上消失，遇到听不懂的地方时无法当场核实。为了培养考生听的能力，本书遵照"熟能生巧"的编写宗旨，从一开始就让考生解答与正式考试题型相同的试题。考生可以一边刷题，一边借助于题目解析和知识点列表来快速掌握考点知识。此外，为了给考生带来视觉上的愉悦，我们在图书的版式设计上使用了插图和表格。我们衷心希望本书对参加日语能力考试的考生的备考有所帮助，同时也能成为考生在日常生活和工作中的得力助手。

目次　目録

日语能力考试 N5 "听力" 介绍

● 考试等级　　　初级　N5　N4　N3　N2　N1　高级

日语能力考试分为 N5—N1 五个等级。

N5 考查考生能否"某种程度理解基础的日语"。

● N5 考试科目和考试时间

科目	语言知识（文字、词汇）	语言知识（语法）、阅读	听力
时间	20 分钟	40 分钟	30 分钟

● N5 "听力" 试题

	大题	问题数量	考查目标
1	问题理解	7	考查考生在听到一篇语意连贯的文章后，能否理解其内容（考查考生能否听懂解决具体的课题任务所需的信息，并理解接下来要做什么）
2	重点理解	6	考查考生在听到一篇语意连贯的文章后，能否理解其内容（考查考生能否根据事先提示的听力重点，围绕重点来听）
3	语言表达	5	考查考生能否在一边看插图、一边听对话情景说明之后，选择出合适的表达方式
4	即时应答	6	考查考生能否在听到提问等简短的对话的第一句之后，选择出合适的应答方式

　　"问题数量"是每次考试出题数量的大致标准，正式考试中问题的数量可能会有所不同。另外，今后考试中"问题数量"也可能发生变化。

● N5 的各科目得分及及格判定

科目	得分范围	最低分数线	及格线 / 总分
语言知识（文字、词汇、语法）、阅读	0 ～ 120 分	38 分	80 分 /180 分
听力	0 ～ 60 分	19 分	

总分为 180 分，得分超过 80 分判定为及格。但"语言知识（文字、词汇、语法）、阅读""听力"得分分别不得低于 38 分、19 分。如果"语言知识（文字、词汇、语法）、阅读"得分低于 38 分或者"听力"得分低于 19 分，即使总分超过 80 分，也判定为不及格。

引自日语能力考试官方网站（https://www.jlpt.jp/）

关于考试的更多详细信息，请参阅日语能力考试官方网站。

致本书使用者

1. 编写目的

理解听力考试的答题要点，具备通过考试所需的最低限度的能力。

2. 内容结构

●试题篇

题型讲解和例题

在首次介绍正式考试中四道大题题型的课里，内容包括题型讲解、答题步骤、对话情景说明和提问句示例、听力考试的答题要点。后面附有例题、答案、解析和听力原文。

练习题

本书第 1 课到第 10 课设置的练习题分别对应四道大题的各种题型，每课对应一至三道大题的题型。第 11 课、第 12 课是为了熟悉模拟题而设置的，包含所有题型。

●模拟题

模拟题与正式考试题型完全相同，学习者可以检测一下自己的能力水平。

●知识点列表篇

知识点列表中汇总了考试中的高频考点，如"打招呼语""征求许可""邀请"等，都附有例句。另外，如"饭馆常用语""交通相关用语"等，我们按照不同场景整理了词汇和表达方式。在例题和练习题的解析中，用 ➡ 符号标明了相关知识点列表的页码。

●听力原文、答案与解析

不仅有正确答案和解析，还对部分错误的选项给出了解析。解析采用日汉对照的形式。

●音频文件和听力原文译文

扫描封面二维码可以获取本书音频文件和听力原文译文。

3. 符号说明

🔊　音频文件序号　　　　　➡　参看的知识点列表页码

4. 书写规则

"常用汉字列表（2010年11月版）"范围内的汉字，本书基本上都用汉字书写。但是作为例外情况，作者认为应该用平假名书写的地方是用平假名书写的。本书所有汉字都标注了读音假名。

5. 自学方法

日语能力考试 N5 级听力考试中有四种题型（问题理解、重点理解、语言表达、即时应答）。请从第 1 课开始按顺序学习。例如第 1 课首先讲解了问题理解题的答题流程和答题要点，理解了这些内容之后再来做例题。做完例题后阅读答案和解析，反思自己为什么做错了，哪些地方理解得还不够到位。然后阅读 ➡ 符号标记的知识点列表篇，掌握类似的或者容易出错的说法。完成上述学习之后再来做练习题，按照和做例题时相同的步骤核对答案。

如果学习者是在学校学习，45 分钟可以完成一次课的内容。但是自学者请按照自己的节奏推进学习，每次学习时间短也没关系，重要的是每天坚持。答题时请一定不要看听力原文。请核对完答案之后再阅读听力原文，这样可以加深自己对听力内容的理解。

この本をお使いになる先生へ

1. 教室授業の進め方、学習時間

　この本は各回を 45 分程度で進められるように構成しました。以下のように進めていくことを想定していますが、学習者の学習速度や理解度に合わせて調整してください。

●クラス授業の場合、解答は予め教師が集めて、預かっておくやり方もあります。学習者が自分で考える前にスクリプトや答えを見てしまうことが避けられます。

● 1、2、4、6 回目の冒頭では、問題形式について説明しています。「1. 各問題形式の流れ」と「2. 聞き方のポイント」で、各形式の特徴を理解し、どのように聞いたらいいかを確認します。次に例題で、確認したポイントを意識しつつ聞き取る練習をします。まず 1 回音声を聞きながら、学習者に答えを書かせます。次に答え合わせをしますが、クラスの状況によってはもう一度聞いて、そのあとに答え合わせをします。解答には正答・誤答の解説があります。学習者がなぜ間違えたのかを考えさせるために利用してください。また、重要な表現がある場合には、参照すべき「リスト」のページが書かれています。「リスト」では関連した表現・文型も学ぶことができます。時間がない場合、「リスト」はページを示して自宅学習とします。時間に余裕があれば、最後に確認のためにもう一度音声を聞きます。

●練習問題のうち課題理解、ポイント理解は会話が長いので、1 回聞いて答え合わせをして、確認のためもう一度聞きます。発話理解と即時応答の練習は 1 回聞いて、答え合わせをし、次の問題に移るという流れで進めます。例題と同様、解答には答えの解説とともに「リスト」の参照先があるので、利用してください。

●全 12 回のあとには模試があります。本試験と同じ時間で行います。実際の試験に合格するためには、全問正解する必要はありません。自分が間違えやすい問題形式や、間違えた理由を確認させましょう。

2. 教える時のポイント

●問題によって聞き方を変える必要があるので、各問題形式の説明に書かれている特徴を学習者によく説明し、問題を解く際に思い出させてください。

●リストを使えば、既習の学習内容を聴解に結びつけることができます。また、学習者の頭の整理にも役立ちます。

●実際の試験は音声を1回しか聞けませんので、学習者が「わからない」と言っても、答えを書く前の聞き返しは1回にとどめたほうがいいです。

●答え合わせで音声を聞き直す時は、解答に関わる箇所で止めて、なぜそのような答えになるのか確認します。途中で音声を止めながら聞くと、理解しやすくなります。

●授業の終わりにスクリプトを見せ、各自が聞き取れなかった語彙や表現をチェックさせ、覚えるように言いましょう。また、次の授業で、クイズ形式でスクリプトの穴埋め問題、ディクテーションなどをすることも効果的です。

在本系列丛书中，大家可以伴随着学习，和忍者一起到日本各地旅行。学完"语法""汉字词汇""阅读""听力"可以游遍日本。

在"听力"分册到北海道和东北地区旅行。

试题篇 <ruby>問題<rt>もんだい</rt></ruby>パート

1. 課題理解の流れ　　実際の試験のもんだい 1
問题理解答题流程　　实际考试中的问题 1

何をしますか。

听对话情景说明和提问句 → 听对话 →

再听一遍提问句 → 从试卷上的选项中选出正确答案

（选项很多时候是图片）

对话情景说明示例	提问句示例
男の人と女の人が話しています。	女の人は、何を持っていきますか。
日本語学校で先生が学生に話しています。	学生は、どこの教室へ行きますか。

2. 聞き方のポイント　　听力答题要点

①要注意听"～てください""～をお願いします"这两个句型，听懂"必须要做什么"。

②听对话前先认真看一下图片选项。

听对话同时在图片选项上标记"○"或者"×"等。

③时间、地点等要做好笔记。

3. 例題　例題　🔊1

このもんだいでは、はじめに　しつもんを　きいて　ください。それから　はなしを
きいて、もんだいようしの　1から4の　なかから、いちばん　いい　ものを　ひとつ
えらんで　ください。

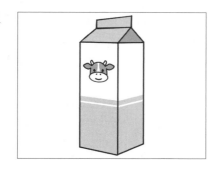

1

2

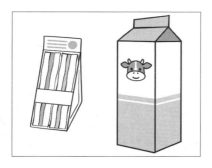

3

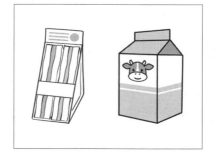

4

正解　2

「山田さんのも買いましょうか」の「〜ま
しょうか」は相手のために何かするかどう
か聞く表現。女の人は「牛乳をお願いしま
す」「小さいのをお願いします」と言いま
したから、男の人は小さい牛乳を買いま
す。女の人は今日サンドイッチを持ってき
ましたから、食べ物はいりません。➡「依
頼する」p.56、「申し出る」p.57

"山田さんのも買いましょうか"中的"〜
ましょうか"是询问是否要为对方做某事
的表达方式。女子说"牛乳をお願いしま
す（拜托帮我买牛奶）""小さいのをお願
いします（请买小盒的）"，所以男子要买
小盒牛奶。女子今天带了三明治来，所以
不需要食物。

スクリプト

練習

■ 課題理解 🔊2

　このもんだいでは、はじめに　しつもんを　きいて　ください。それから　はなしを
きいて、もんだいようしの　1から4の　なかから、いちばん　いい　ものを　ひとつ
えらんで　ください。

1ばん 🔊3

1　1ばん

2　2ばん

3　3ばん

4　4ばん

2ばん 🔊4

1
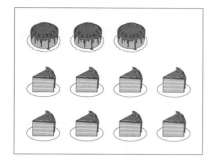

2
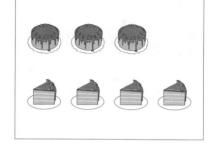

3
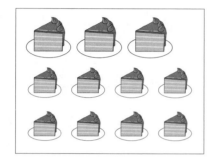

4
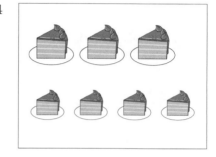

3ばん 🔊5

1

2

3

4

1. 発話表現の流れ　実際の試験のもんだい3
语言表达答题流程　实际考试中的问题3

看图片 → 听对话情景说明和提问句 →

听选项，选择箭头（➡）指向的人如何应答

（正式考试的试卷上不会印刷选项）

やじるし（➡）の人は何と言いますか。

对话情景说明示例	提问句示例
朝、友達に会いました。	何と言いますか。
店で靴を買いたいです。少し大きいです。	店の人に何と言いますか。

本道大题经常考查的表达方式："打招呼语""请求""提议""邀请"等。请参看知识点列表复习。

2. 聞き方のポイント　听力答题要点

①在听对话前要先看图片，思考这是什么地方、两人是什么关系（老师和学生、酒店服务员和客人等）。

②"对话情景说明"非常重要，要认真听。

③听"对话情景说明"，思考箭头（➡）指向的人会说什么。

3. 例題　例題　🔊6

このもんだいでは、えを　みながら　しつもんを　きいて　ください。

➡（やじるし）の　ひとは　なんと　いいますか。1から3の　なかから、いちばん

いい　ものを　ひとつ　えらんで　ください。

1	2	3

正解　1

→「あいさつ／決まった表現」p.48

2　「どうぞよろしく」は、自己紹介や何
　　かを頼むときに言います。

3　「どういたしまして」は「ありがとう
　　ございます」の返事。

2　"どうぞよろしく"是在自我介绍或者
向别人拜托某事时说的。

3　"どういたしまして"是"ありがとう
ございます"的应答语。

スクリプト

友達にチョコレートをもらいました。何と言いますか。

男：　1　どうもありがとう。

　　　2　どうぞよろしく。

　　　3　どういたしまして。

練習

■発話表現　7

　このもんだいでは、えを　みながら　しつもんを　きいて　ください。

➡　（やじるし）の　ひとは　なんと　いいますか。1から3の　なかから、いちばん

いい　ものを　ひとつ　えらんで　ください。

1ばん　🔊8　| 1　2　3 |

2ばん　🔊9　| 1　2　3 |

3ばん 🔊10 [1　　2　　3]

4ばん 🔊11 [1　　2　　3]

■課題理解 <ruby>か<rt></rt></ruby> 🔊12

　このもんだいでは、はじめに　しつもんを　きいて　ください。それから　はなしを
きいて、もんだいようしの　1から4の　なかから、いちばん　いい　ものを　ひとつ
えらんで　ください。

5ばん 🔊13

1　9じ　　　2　10じ　　　3　10じ10ぷん　　　4　10じ20ぷん

6ばん 🔊14

3 回目

練習 課題理解・発話表現

练习题 問題理解／语言表达

■課題理解 🔊15

このもんだいでは、はじめに しつもんを きいて ください。それから はなしを きいて、もんだいようしの 1から4の なかから、いちばん いい ものを ひとつ えらんで ください。

1ばん 🔊16

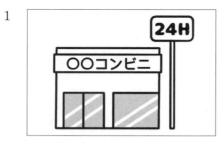

4
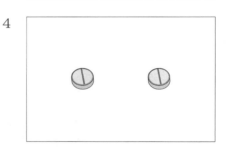

2ばん 🔊17

2

3ばん 18

1 1ばん   2 2ばん   3 12ばん   4 24ばん

■発話表現 🔊19

　このもんだいでは、えを みながら しつもんを きいて ください。

➡（やじるし）の ひとは なんと いいますか。1から3の なかから、いちばん
いい ものを ひとつ えらんで ください。

4ばん 🔊20 ┃ 1　　2　　3 ┃

5ばん 🔊21 ┃ 1　　2　　3 ┃

6ばん 🔊22 ┃ 1　　2　　3 ┃

7ばん 🔊23 ┃ 1　　2　　3 ┃

1. ポイント理解の流れ 実際の試験のもんだい2
重点理解答题流程 实际考试中的问题2

听对话情景说明和提问句 → 听对话 →

再听一遍提问句 → 从选项中选出正确答案

質問のことばに注意しましょう。

対話情景説明示例	提问句示例
男の学生と女の学生が話しています。	男の学生は夏休みに、何をしましたか。
電話のメッセージを聞いています。	土曜日、どこへ行きますか。

2. 聞き方のポイント 听力答题要点

① 注意听"何、どこ、いくら"等词语。

② 听对话时要注意听选项中出现的词语。

3. 例題 例題 🔊24

このもんだいでは、はじめに しつもんを きいて ください。それから はなしを きいて、もんだいようしの 1から4の なかから、いちばん いい ものを ひとつ えらんで ください。

1
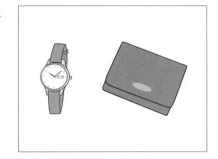

2

3

4

正解　1

時計と財布は、昨日、デパートで買いました。男の人は「このかばんも（昨日買いましたか）？」と聞いて、女の人は「いいえ」と答えました。

钟表和钱包是昨天在百货商场买的。男子问"このかばんも（昨日買いましたか）？［这个包也是（昨天买的吗）？]"，女子回答"いいえ"。

スクリプト

男の人と女の人が話しています。女の人は昨日、何を買いましたか。

男：マリコさん、その時計、いいですね。

女：ありがとうございます。昨日、デパートで買いました。

男：そうですか。

女：この財布も昨日買いました。

男：いい色ですね。このかばんも？

女：いいえ、これは国で買いました。

女の人は昨日、何を買いましたか。

練習

■ポイント理解　🔊25

　このもんだいでは、はじめに　しつもんを　きいて　ください。それから　はなしを　きいて、もんだいようしの　1から4の　なかから、いちばん　いい　ものを　ひとつ　えらんで　ください。

1ばん　🔊26

1　1じ

2　7じ

3　8じ

4　9じ

2ばん 27

1

2
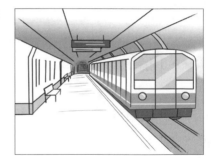

3

4

3ばん 28

1

2

3

4

■ポイント理解 りかい 🔊29

このもんだいでは、はじめに　しつもんを　きいて　ください。それから　はなしを
きいて、もんだいようしの　1から4の　なかから、いちばん　いい　ものを　ひとつ
えらんで　ください。

1ばん 🔊30

1

2
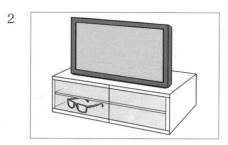

3
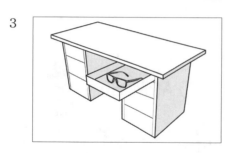

4

2ばん 🔊31

1

2

3

4

3ばん 🔊32

1　1ぴき

2　2ひき

3　3びき

4　4ひき

■発話表現　🔊33

　このもんだいでは、えを　みながら　しつもんを　きいて　ください。

➡（やじるし）の　ひとは　なんと　いいますか。1から3の　なかから、いちばん
いい　ものを　ひとつ　えらんで　ください。

4ばん 🔊34　　| 1　　2　　3 |

5ばん 🔊35　　| 1　　2　　3 |

6ばん 🔊36　　| 1　　2　　3 |

7ばん 🔊37　　| 1　　2　　3 |

6
回目

即時応答　練習 即時応答・ポイント理解

即时应答　练习题 即时应答／重点理解

1. 即時応答の流れ　実際の試験のもんだい4

即时应答答题流程　实际考试中的问题4

いい返事を考えましょう。

```
┌──────────┐     ┌──────────────┐
│  听短句   │ →  │  听三个选项    │ →
└──────────┘     └──────────────┘
┌──────────┐
│  选择答案  │
└──────────┘
```

（正式考试的试卷上没有任何信息）

短句示例
今、何時ですか。
日曜日、映画を見ませんか。

2. 聞き方のポイント　听力答题要点

①短句可能是"打招呼语""提问""邀请"等。要思考应答方式。

②要注意婉转的说法。
例　A：今、何時ですか。
　　B：今、時計がありません。
　　（＝時間がわかりません。）

③要注意判断对话双方是什么关系（老师和学生、商店服务员和客人等）。

④要记住"打招呼语"等固定说法。

18

3. 例題（れいだい）　例題　🔊38

　このもんだいは、えなどが　ありません。ぶんを　きいて、1から3の　なかから、いちばん　いい　ものを　ひとつ　えらんで　ください。

1	2	3

正解（せいかい）　2

➡「あいさつ／決（き）まった表現（ひょうげん）」p.48

1　「始（はじ）めましょう」は授業（じゅぎょう）や仕事（しごと）を始（はじ）めるときに言（い）うことば。

3　「どういたしまして」は「ありがとうございます」の返事（へんじ）。

1 "始めましょう"是开始上课或者工作时说的话。

3 "どういたしまして"是"ありがとうございます"的应答语。

スクリプト

練習
■即時応答　🔊39

このもんだいは、えなどが　ありません。ぶんを　きいて、1から3の　なかから、いちばん　いい　ものを　ひとつ　えらんで　ください。

1ばん　🔊40

1	2	3

2ばん　🔊41

1	2	3

3ばん　🔊42

1	2	3

4ばん　🔊43

1	2	3

■ポイント理解　　🔊44

　このもんだいでは、はじめに　しつもんを　きいて　ください。それから　はなしを
きいて、もんだいようしの　1から4の　なかから、いちばん　いい　ものを　ひとつ
えらんで　ください。

5ばん　　🔊45

1　あかい　えんぴつ
2　くろい　えんぴつ
3　あかい　ボールペン
4　くろい　ボールペン

6ばん　　🔊46

1　2,200えん
2　2,500えん
3　3,000えん
4　4,000えん

7 回目 練習 課題理解・即時応答
練习题 问题理解／即时应答

■ 課題理解　🔊47

　このもんだいでは、はじめに　しつもんを　きいて　ください。それから　はなしを
きいて、もんだいようしの　1から4の　なかから、いちばん　いい　ものを　ひとつ
えらんで　ください。

1ばん　🔊48

12月 がつ						
にちようび 日曜日	げつようび 月曜日	かようび 火曜日	すいようび 水曜日	もくようび 木曜日	きんようび 金曜日	どようび 土曜日
1	2	3	④	⑤	6	7
8	9	10	⑪	⑫	13	14
15	16	17	18	19	20	21
22	23	24	25	26	27	28
29	30	31				

1 ——（4・5をさす）—— 2
3 ——（11・12をさす）—— 4

2ばん　🔊49

1　さんぽを　します
2　ひるごはんを　たべます
3　かいものを　します
4　おちゃを　のみます

22

3ばん 🔊50

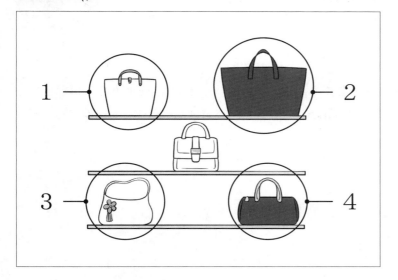

■即時応答 🔊51

このもんだいは、えなどが ありません。ぶんを きいて、1から3の なかから、いちばん いい ものを ひとつ えらんで ください。

4ばん 🔊52

1	2	3

5ばん 🔊53

1	2	3

6ばん 🔊54

1	2	3

7ばん 🔊55

1	2	3

■<ruby>課題理解<rt>か だい り かい</rt></ruby> 🔊56

　このもんだいでは、はじめに　しつもんを　きいて　ください。それから　はなしを
きいて、もんだいようしの　１から４の　なかから、いちばん　いい　ものを　ひとつ
えらんで　ください。

1ばん 🔊57

1

2

3

4

2ばん 🔊58

1

2

3

4

3ばん 🔊59

1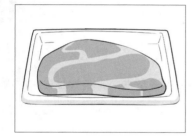

2

3

4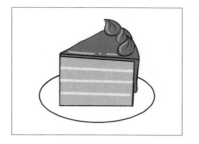

■即時応答 🔊60

　このもんだいは、えなどが　ありません。ぶんを　きいて、１から３の　なかから、いちばん　いい　ものを　ひとつ　えらんで　ください。

4ばん 🔊61

| 1 | 2 | 3 |

5ばん 🔊62

| 1 | 2 | 3 |

6ばん 🔊63

| 1 | 2 | 3 |

7ばん 🔊64

| 1 | 2 | 3 |

■ポイント理解　🔊65

　このもんだいでは、はじめに　しつもんを　きいて　ください。それから　はなしを
きいて、もんだいようしの　1から4の　なかから、いちばん　いい　ものを　ひとつ
えらんで　ください。

1ばん　🔊66

1　3にん

2　4にん

3　5にん

4　6にん

2ばん　🔊67

1　ともだちに　かします

2　ともだちに　かります

3　せんせいに　かします

4　せんせいに　かります

3ばん　🔊68

1　4じかん

2　5じかん

3　8じかん

4　9じかん

■**発話表現** 🔊69

このもんだいでは、えを みながら しつもんを きいて ください。

➡（やじるし）の ひとは なんと いいますか。1から3の なかから、いちばん いい ものを ひとつ えらんで ください。

4ばん 🔊70 | 1 2 3 |

5ばん 🔊71 | 1 2 3 |

■**即時応答** 🔊72

このもんだいは、えなどが ありません。ぶんを きいて、1から3の なかから、いちばん いい ものを ひとつ えらんで ください。

6ばん 🔊73

| 1 2 3 |

7ばん 🔊74

| 1 2 3 |

■ポイント理解　75

　このもんだいでは、はじめに　しつもんを　きいて　ください。それから　はなしを　きいて、もんだいようしの　1から4の　なかから、いちばん　いい　ものを　ひとつ　えらんで　ください。

1ばん　◀))76

1　4じかん　　2　6じかん　　3　8じかん　　4　12じかん

2ばん　◀))77

1　あさ

2　ごご

3　よる

4　あさと　よる

3ばん　◀))78

1

2

3

4

■**発話表現**　🔊79

　このもんだいでは、えを　みながら　しつもんを　きいて　ください。

➡（やじるし）の　ひとは　なんと　いいますか。1から3の　なかから、いちばん

いい　ものを　ひとつ　えらんで　ください。

4ばん　🔊80　　| 1　　2　　3 |

5ばん　🔊81　　| 1　　2　　3 |

■**即時応答**　🔊82

　このもんだいは、えなどが　ありません。ぶんを　きいて、1から3の　なかから、

いちばん　いい　ものを　ひとつ　えらんで　ください。

6ばん　🔊83

| 1　　2　　3 |

7ばん　🔊84

| 1　　2　　3 |

■ 課題理解 (か だい り かい) 🔊85

　このもんだいでは、はじめに　しつもんを　きいて　ください。それから　はなしを
きいて、もんだいようしの　1から4の　なかから、いちばん　いい　ものを　ひとつ
えらんで　ください。

1ばん 🔊86

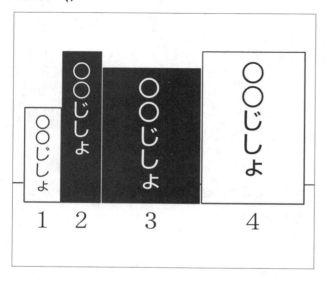

2ばん 🔊87

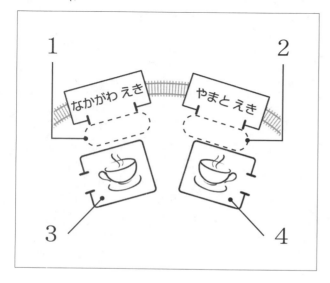

■ポイント理解　🔊88

　このもんだいでは、はじめに　しつもんを　きいて　ください。それから　はなしを
きいて、もんだいようしの　1から4の　なかから、いちばん　いい　ものを　ひとつ
えらんで　ください。

3ばん　🔊89

1　3にん　　2　4にん　　3　5にん　　4　6にん

■発話表現　🔊90

　このもんだいでは、えを　みながら　しつもんを　きいて　ください。

➡（やじるし）の　ひとは　なんと　いいますか。1から3の　なかから、いちばん
いい　ものを　ひとつ　えらんで　ください。

4ばん　🔊91　| 1　　2　　3 |

5ばん　🔊92　| 1　　2　　3 |

■即時応答　🔊93

　このもんだいは、えなどが　ありません。ぶんを　きいて、1から3の　なかから、
いちばん　いい　ものを　ひとつ　えらんで　ください。

6ばん　🔊94

| 1　　2　　3 |

7ばん　🔊95

| 1　　2　　3 |

■ **課題理解** かだいりかい ◀)96

　このもんだいでは、はじめに　しつもんを　きいて　ください。それから　はなしを
きいて、もんだいようしの　１から４の　なかから、いちばん　いい　ものを　ひとつ
えらんで　ください。

1ばん ◀)97

　　１　１ばん　　２　２ばん　　３　３ばん　　４　４ばん

■ **ポイント理解** りかい ◀)98

　このもんだいでは、はじめに　しつもんを　きいて　ください。それから　はなしを
きいて、もんだいようしの　１から４の　なかから、いちばん　いい　ものを　ひとつ
えらんで　ください。

2ばん ◀)99

　１　おとうさんと　おねえさん　　　２　おとうさんと　おにいさん

　３　おとうさんと　おかあさん　　　４　おかあさんと　おにいさん

3ばん ◀)100

■発話表現 （はつ わ ひょうげん） 🔊101

　このもんだいでは、えを　みながら　しつもんを　きいて　ください。

➡ （やじるし）の　ひとは　なんと　いいますか。１から３の　なかから、いちばん
いい　ものを　ひとつ　えらんで　ください。

4ばん 🔊102 ｜ 1　　2　　3 ｜　　　**5ばん** 🔊103 ｜ 1　　2　　3 ｜

■即時応答 （そく じ おうとう） 🔊104

　このもんだいは、えなどが　ありません。ぶんを　きいて、１から３の　なかから、
いちばん　いい　ものを　ひとつ　えらんで　ください。

6ばん 🔊105

｜ 1　　2　　3 ｜

7ばん 🔊106

｜ 1　　2　　3 ｜

模拟题　模擬試験
もぎしけん

もんだい１ 🔊107

　もんだい１では、はじめに　しつもんを　きいてください。それから　はなしを　きいて、もんだいようしの　１から４の　なかから、いちばん　いい　ものを　ひとつ　えらんで　ください。

１ばん 🔊108

２ばん 🔊109

1

2
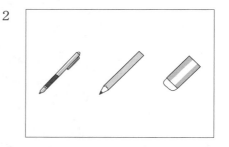

3
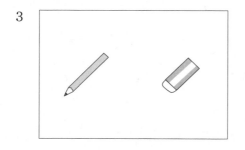

4

3ばん 🔊110

1 2じ　　2 10じ
3 11じ　　4 12じ

4ばん 🔊111

1 　2

3 　4

5ばん 🔊112

1 　2

3 　4

6ばん 🔊113

1　みなみぐちの　あおい　バス　　2　きたぐちの　しろい　バス

3　きたぐちの　あおい　バス　　　4　みなみぐちの　しろい　バス

7ばん 🔊114

1 　　2

3 　　4

もんだい2 🔊115

　もんだい2では、はじめに　しつもんを　きいてください。それから　はなしを　きいて、もんだいようしの　1から4の　なかから、いちばん　いい　ものを　ひとつ　えらんで　ください。

1ばん 🔊116

2ばん 🔊117

1　03-2498-7736	2　03-2498-7746
3　03-2498-1136	4　03-2498-1146

3ばん 🔊118

1　げつようび	2　すいようび
3　きんようび	4　どようび

4ばん 🔊119

1

2
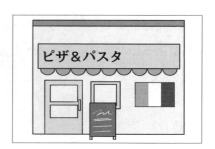

3
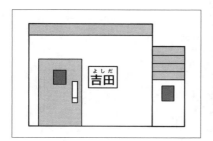

4

5ばん 🔊120

1　しろい　ふく　　　　　　2　あおい　ふく

3　しろい　ふくと　しろい　かばん　　　　4　あおい　ふくと　あおい　かばん

6ばん 🔊121

1

2

3

4

もんだい3 🔊122

もんだい３では、えを　みながら　しつもんを　きいて　ください。

➡（やじるし）の　ひとは　なんと　いいますか。１から３の　なかから、いちばん
いい　ものを　ひとつ　えらんで　ください。

1ばん 🔊123

| 1 | 2 | 3 |

2ばん 🔊124

| 1 | 2 | 3 |

3ばん　🔊125

| 1 | 2 | 3 |

4ばん　🔊126

| 1 | 2 | 3 |

5ばん 🔊127

1　　2　　3

もんだい4 🔊128

もんだい4は、えなどが ありません。ぶんを きいて、1から3の なかから、いちばん いい ものを ひとつ えらんで ください。

1ばん 🔊129 | 1   2   3 |

2ばん 🔊130 | 1   2   3 |

3ばん 🔊131 | 1   2   3 |

4ばん 🔊132 | 1   2   3 |

5ばん 🔊133 | 1   2   3 |

6ばん 🔊134 | 1   2   3 |

知识点列表篇 リストパート

1. 質問のことば　提问常用语

提问常用语	提问句示例	应答句示例
いつ	テストはいつですか。	来週の月曜日です。
	夏休みはいつからですか。	あしたからです。
	いつまで日本にいますか。	来年の7月までいます。
どこ	トイレはどこですか。	あそこです。
	どこに／どこへ行きますか。	病院に／病院へ行きます。
	どこで勉強しますか。	うちで勉強します。
	それはどこの車ですか。	アメリカの車です。
	どこを勉強しますか。	5ページを勉強します。
どちら*	お国はどちらですか。	イギリスです。
だれ	あの人はだれですか。	林さんです。
	だれとテニスをしますか。	林さんとします。
	だれに手紙を書きますか。	林さんに書きます。
	それはだれの本ですか。	林さんの本です。
	だれが来ますか。	林さんが来ます。
どなた*	あの方はどなたですか。	林先生です。
なに	はじめに何をしますか。	電車の切符を買います。
	駅まで何で／何で行きますか。	自転車で行きます。
	何が好きですか。	サッカーが好きです。
	名前を何で／何で書きますか。	ペンで書きます。
なん	これは何ですか。	雑誌です。
	あの店は何の店ですか。	本屋です。
	食べる前に何と言いますか。	「いただきます」と言います。
	1日に何回薬を飲みますか。	2回飲みます。
	何時に着きますか。	9時に着きます。
	何曜日が休みですか。	水曜日と日曜日です。
いくら	東京から大阪まで新幹線でいくらかかりますか／いくらですか。	13,870円かかります。／13,870円です。

提问常用语	提问句示例	应答句示例
どのぐらい	東京から大阪まで新幹線でどのぐらいかかりますか。	2 時間半かかります。
どれ	林さんの傘はどれですか。	あれです。
どの	どの人ですか。 どのかばんを買いますか。	眼鏡をかけている人です。 あの白いかばんを買います。
どちら	犬とねことどちらが好きですか。	ねこのほうが好きです。
どんな	林さんはどんな人ですか。	おもしろい人です。
どうして	どうして休みましたか。	風邪をひきましたから。
どう	旅行はどうでしたか。	楽しかったです。
いかが*	コーヒー（は）、いかがですか。	ありがとうございます。いただきます。

* "どちら"比"どこ"更有礼貌，"どなた"比"だれ"更有礼貌，"いかが"比"どう"更有礼貌。

注意

何か／どこか／だれか → はい／いいえで答えます

例 何か飲みますか。 → はい、（水を）飲みます。／
　　　　　　　　　　　　 いいえ、何も飲みません。

　 どこかへ行きましたか。 → はい、（公園へ）行きました。／
　　　　　　　　　　　　 いいえ、どこへも行きませんでした。

　 だれか来ましたか。 → はい、（ホワンさんが）来ました。／
　　　　　　　　　　　　 いいえ、だれも来ませんでした。

リスト

1 質問のことば

2. あいさつ／決まった表現　打招呼语／固定说法

例　A：おはようございます。

　　　B：おはようございます。

A	B
[朝、人に会ったとき] 早晨见到别人时 おはよう（ございます）	おはよう（ございます）
[昼、人に会ったとき] 白天见到别人时 こんにちは	こんにちは
[夕方／夜、人に会ったとき] 傍晚／夜晚见到别人时 こんばんは	こんばんは
[夜、寝る前] 晚上睡觉前 おやすみなさい	おやすみなさい
[人と別れるとき] 与别人分别时 失礼します／さようなら	失礼します／さようなら
[友達と別れるとき] 与朋友分别时 じゃ、また	じゃ、またあした
[うちを出るとき] 要从家出门时 いってきます	いってらっしゃい
[うちに帰ったとき] 回到家时 ただいま	お帰りなさい

A	B
[初めて会った人へのあいさつ] 与别人初次见面时的打招呼语 はじめまして	はじめまして
[自己紹介の終わりのあいさつ] 自我介绍时最后说的打招呼语 どうぞよろしく（お願いします）	（こちらこそ）どうぞよろしく（お願いします）
[ほかの人から親切にしてもらったとき／ 何かをもらったとき] 别人对自己友善／赠送某物时 （どうも）ありがとう（ございます／ございました）	（いいえ、）どういたしまして
[謝るとき] 道歉时 すみません／ごめんなさい	いいえ、だいじょうぶですよ
[ほかの人に話しかけるとき] 向别人主动搭话时 すみません／あのう	はい（何でしょうか）
[何かを頼むとき] 向别人拜托某事时 ○○（を）お願いします 例　メニューをお願いします。 　　コピー、お願いします。	はい／わかりました
[ほかの人にものを渡すとき] 把某物递送给别人时 どうぞ	ありがとう（ございます）

リスト

2　あいさつ／決まった表現

（続表）

A	B
[店／レストランにお客さんが来たとき] 客人光临商店／饭馆时 いらっしゃいませ	
[ご飯を食べるとき] 要吃饭时 いただきます	
[食べ物などを勧めるとき] 邀请别人吃东西时 〇〇はどう／いかがですか	ありがとう（ございます）／いただきます いえ、けっこうです
[食べ物などをもっと勧めるとき] 邀请别人再吃一些时 もう少しどう／いかがですか	ありがとう（ございます） もうけっこうです／いえ、けっこうです
[ご飯が終わったとき／だれかにごちそうしてもらったとき] 吃完饭／别人请客吃完饭时 ごちそうさまでした	
[人を待たせたとき] 让别人久等时 遅くなってすみません	いいえ、だいじょうぶです
[相手に何か悪いことがあったとき] 对方遭遇了某件不好的事情时 大変でしたね	

３．位置を表すことば　表示位置的词语

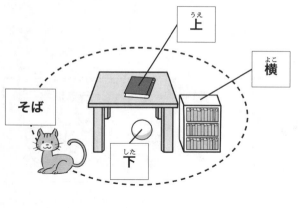

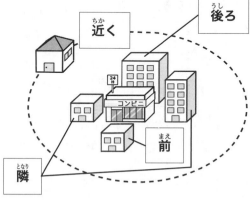

問題によく出る言い方
试题中常见的说法

例　Ａ：本はどこにありますか。

　　Ｂ：机の上にありますよ。

　　Ａ：あの建物は何ですか。

　　Ｂ：どれですか。

　　Ａ：コンビニの隣の建物です。

　　Ａ：スーザンさんはどの人ですか。

　　Ｂ：コウさんと田中さんの間に座っていますよ。

4. 助数詞 〔じょすうし〕 数量词

不同类别的东西使用不同的数量词。

例 牛乳〔ぎゅうにゅう〕を 3 本〔ぼんか〕買いました。

	物〔もの〕	人〔ひと〕	長い物〔なが もの〕	うすい物〔もの〕
1	ひとつ	ひとり	いっぽん	いちまい
2	ふたつ	ふたり	にほん	にまい
3	みっつ	さんにん	さんぼん	さんまい
4	よっつ	よにん	よんほん	よんまい
5	いつつ	ごにん	ごほん	ごまい
6	むっつ	ろくにん	ろっぽん	ろくまい
7	ななつ	しちにん／ななにん	ななほん	ななまい
8	やっつ	はちにん	はっぽん	はちまい
9	ここのつ	きゅうにん	きゅうほん	きゅうまい
10	とお	じゅうにん	じゅっぽん	じゅうまい
？	いくつ	なんにん	なんぼん	なんまい

	本など （ほん）	動物・魚・虫 （どうぶつ・さかな・むし）	階 （かい）	回数 （かいすう）	日 （ひ）
1	いっさつ	いっぴき	いっかい	いっかい	ついたち
2	にさつ	にひき	にかい	にかい	ふつか
3	さんさつ	さんびき	さんがい	さんかい	みっか
4	よんさつ	よんひき	よんかい	よんかい	よっか
5	ごさつ	ごひき	ごかい	ごかい	いつか
6	ろくさつ	ろっぴき	ろっかい	ろっかい	むいか
7	ななさつ	ななひき	ななかい	ななかい	なのか
8	はっさつ	はっぴき	はちかい／ はっかい	はっかい	ようか
9	きゅうさつ	きゅうひき	きゅうかい	きゅうかい	ここのか
10	じゅっさつ	じゅっぴき	じゅっかい	じゅっかい	とおか
?	なんさつ	なんびき	なんがい	なんかい	なんにち

	時間	時間の長さ
1	いちじ	いちじかん
2	にじ	にじかん
3	さんじ	さんじかん
4	よじ	よじかん
5	ごじ	ごじかん
6	ろくじ	ろくじかん
7	しちじ	しちじかん／ななじかん
8	はちじ	はちじかん
9	くじ	くじかん
10	じゅうじ	じゅうじかん
11	じゅういちじ	じゅういちじかん
12	じゅうにじ	じゅうにじかん
?	なんじ	なんじかん

注意

日历上的日期是"ついたち、ふつか、みっか",数天数的时候是"いちにち、ふつか、みっか"。

1週間に二日アルバイトをします。
来月の二日にテストがあります。

1週間に1日アルバイトをします。
来月の一日にテストがあります。

何時間寝ますか。
　8時間／8時間半寝ます。
何時に寝ますか。
　10時に／10時半に寝ます。

朝と昼と夜、1日に3回、薬を二つずつ飲みます。
＝朝二つ、昼二つ、夜二つ薬を飲みます。

54

5. 順番 <ruby>順番<rt>じゅんばん</rt></ruby>　先后顺序

はじめに

　↓

次に／それから <ruby>次<rt>つぎ</rt></ruby>

<ruby>例<rt>れい</rt></ruby>　はじめに、<ruby>問題<rt>もんだい</rt></ruby>を<ruby>読<rt>よ</rt></ruby>んでください。<ruby>次<rt>つぎ</rt></ruby>に／それから、<ruby>話<rt>はなし</rt></ruby>を<ruby>聞<rt>き</rt></ruby>いてください。

＊あと（で）／～てから

| A | → | B |

A。そのあと（で）　B。	<ruby>ご飯<rt>はん</rt></ruby>を<ruby>食<rt>た</rt></ruby>べてください。そのあと（で）おふろに<ruby>入<rt>はい</rt></ruby>ってください。
A（N＋の）＋あと（で）　B。	<ruby>食事<rt>しょくじ</rt></ruby>のあと（で）おふろに<ruby>入<rt>はい</rt></ruby>ってください。
A（Vた<ruby>形<rt>けい</rt></ruby>）＋あと（で）　B。	<ruby>ご飯<rt>はん</rt></ruby>を<ruby>食<rt>た</rt></ruby>べたあと（で）おふろに<ruby>入<rt>はい</rt></ruby>ってください。
A（Vて<ruby>形<rt>けい</rt></ruby>）＋から　B。	<ruby>ご飯<rt>はん</rt></ruby>を<ruby>食<rt>た</rt></ruby>べてからおふろに<ruby>入<rt>はい</rt></ruby>ってください。

＊<ruby>先<rt>さき</rt></ruby>に／～<ruby>前<rt>まえ</rt></ruby>に

| B | → | A |

A。その<ruby>前<rt>まえ</rt></ruby>に　B。	<ruby>ご飯<rt>はん</rt></ruby>を<ruby>食<rt>た</rt></ruby>べてください。でも、その<ruby>前<rt>まえ</rt></ruby>に<ruby>手<rt>て</rt></ruby>を<ruby>洗<rt>あら</rt></ruby>ってください。
A。<ruby>先<rt>さき</rt></ruby>に　B。	<ruby>ご飯<rt>はん</rt></ruby>を<ruby>食<rt>た</rt></ruby>べてください。でも、<ruby>先<rt>さき</rt></ruby>に<ruby>手<rt>て</rt></ruby>を<ruby>洗<rt>あら</rt></ruby>ってください。
A（N＋の）＋<ruby>前<rt>まえ</rt></ruby>に　B。	<ruby>食事<rt>しょくじ</rt></ruby>の<ruby>前<rt>まえ</rt></ruby>に<ruby>手<rt>て</rt></ruby>を<ruby>洗<rt>あら</rt></ruby>ってください。
A（V<ruby>辞書形<rt>じしょけい</rt></ruby>）＋<ruby>前<rt>まえ</rt></ruby>に　B。	<ruby>ご飯<rt>はん</rt></ruby>を<ruby>食<rt>た</rt></ruby>べる<ruby>前<rt>まえ</rt></ruby>に<ruby>手<rt>て</rt></ruby>を<ruby>洗<rt>あら</rt></ruby>ってください。

6．依頼する　请求

例　A：ちょっと手伝ってください。

　　B：いいですよ。／今、ちょっと……。

A　依頼する 请求	B　引き受ける／断る 同意／拒绝
～（を）ください。 ～（を）お願いします。	いいですよ。 わかりました。
～てください。 ～てくださいませんか。	ちょっと……。 すみません、ちょっと……。 今、～ています。 　　例　今、使っています。

注意　借りる・貸す

＊借りるとき

貸してください。

貸してくださいませんか。

借りてもいいですか。

借りたいです。

＊貸すとき

貸しましょうか。

貸してください。／
借りてもいいですか。

貸しましょうか。

7. 許可を求める　征求许可

例　A：これ、使ってもいいですか。

　　B：はい、いいですよ。／すみません、ちょっと……。

A　許可を求める 征求许可	B　許可する／断る 许可／拒绝
～てもいいですか。	ええ、いいですよ。 ええ、どうぞ。
	いいえ、ちょっと……。 すみません、ちょっと……。 すみません、～ないでください。

8. 申し出る　提议

例　A：手伝いましょうか。

　　B：ありがとうございます。／いいえ、いいです。

A　申し出る 提议	B　受ける／断る 同意／拒绝
～ましょうか。	ありがとうございます。 すみません。 あ、お願いします。
	いいえ、いいです。 いいえ、だいじょうぶです。 いいえ、けっこうです。

リスト

7　6

許可を求める　・　依頼する

8　申し出る

9. 誘う　邀请

例　A：一緒に昼ご飯を食べませんか。

　　B：ええ、いいですね。／あ、すみません。ちょっと……。

　　A：あした一緒に映画を見ませんか。

　　B：いいですね。どこで見ますか。

　　A：駅の前の映画館で見ましょう。

　　B：そうしましょう。

A　誘う 邀请	B　受ける／断る 同意／拒绝
（一緒に）～ませんか。 （一緒に）～ましょう。	ええ、いいですね。 ええ、～ましょう。
	ごめんなさい。（その日はちょっと忙しいです。） すみません。ちょっと……。

10. 禁止する　禁止

（1）Vない形＋でください

　　例　写真を撮らないでください。　ここに車を止めないでください。

（2）Nはできません

　　例　ここでテニスはできません。

11. ほめる　表扬

被别人表扬时，有时可以做出否定的回答表示谦虚，但如果对方是朋友等的话，可以接受对方的表扬或者表示感谢。下属或晚辈一般不会表扬上司或长辈。

例　A：Ｂさんの日本語、<u>とても上手ですね</u>。

　　B：いいえ、Ｃさんのほうが上手ですよ。

　　A：Ｂさん、そのかばん、<u>いいですね</u>。

　　B：ありがとうございます。Ａさんのかばんもいいですね。

　　A：歌、<u>よかったですよ</u>。

　　B：そうですか。たくさん練習しました。

12. 家族関係を表すことば　表示家人称呼的词语

称呼自己家人的方式和称呼别人家人的方式不同。

例　A：高橋さん、その時計、いいですね。

　　B：あ、これ、父にもらいました。

　　A：ああ、お父さんにもらった時計ですか。

自分の家族	ほかの人の家族	自分の家族	ほかの人の家族
称呼自己家人	称呼别人家人	称呼自己家人	称呼别人家人
父	お父さん	母	お母さん
兄	お兄さん	姉	お姉さん
弟	弟さん	妹	妹さん
夫	ご主人	妻	奥さん

＊その他

（1）両親　＝　父と母

　　　例　A：ご両親はお元気ですか。

　　　　　B：はい、父も母も元気です。

（2）兄弟　＝　姉、兄、妹、弟

　　　例　A：兄弟は何人ですか。

　　　　　B：兄が一人、妹が二人います。4人兄弟です。

（3）○人家族

　　　例　A：ご家族は何人ですか。

　　　　　B：両親と兄と私です。4人家族です。

13. 店に関係する表現 商店常用语

（1）お客さんが店へ来たとき

客人来到店里时

店の人　：いらっしゃいませ。

（2）お客さんが店のものを見たいとき

客人想看店里的商品时

お客さん：すみません、これ／それ／あれを見せてください。

店の人　：はい、どうぞ。

（3）お客さんがほしいものを探すとき

客人寻找想要的东西时

お客さん：〇〇、ありますか。

店の人　：はい、こちらです。／すみません、ありません。

（4）お客さんがほかのものを見たいとき

客人想看其他的商品时

お客さん：もっと大きいのはありますか。

店の人　：はい、あります。どうぞ。／すみません、ありません。

＊ものの特徴を表す表現

描述商品特征的词语

大きい・小さい・長い・短い・白い・黒い・赤い・青い・黄色・茶色・緑

（5）お店の人が何かを勧めるとき

店员向客人推荐商品时

店の人　：こちら／そちら／あちらはいかが／どうですか。

お客さん：いいですね。／いいえ、けっこうです。

（6）お客さんが買うものを決めたとき

客人选好商品时

お客さん：じゃ、これを（一つ）ください。／お願いします。

店の人　：はい。ありがとうございます。

（７）**お客さんがお金を払うとき**

客人付钱时

店の人　　：○○円です。

お客さん：クレジットカードでいいですか。

店の人　　：はい、だいじょうぶです。

　　　　　　　……

店の人　　：ありがとうございました。

14. レストランに関係する表現　饭馆常用语

（1）お客さんがレストランへ来たとき

店の人　　：いらっしゃいませ。何人／何名様ですか。

お客さん：二人です。

店の人　　：少々お待ちください。

お客さん：はい。

　　　　　　　　　……

店の人　　：あちらのテーブルへどうぞ。

お客さん：はい。

（2）お客さんが注文するとき

お客さん：すみません、スパゲティ一つと、カレー一つお願いします。

店の人　　：お飲み物は？

お客さん：コーヒー、二つ、お願いします。

店の人　　：わかりました。

（3）注文したものが来ないとき

お客さん：すみません、カレーは、まだですか。

店の人　　：あ、すみません。すぐ持ってきます。

（4）お客さんがお金を払って帰るとき

店の人　　：ありがとうございます。2,500 円です。

お客さん：はい。

店の人　　：ありがとうございました。

お客さん：ごちそうさまでした。

15. 交通に関係する表現 交通相关用语

ことば 词语

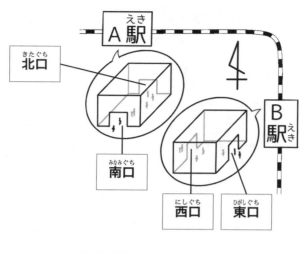

A駅
北口
南口
B駅
西口
東口

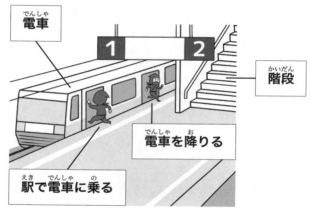

電車
1 2
階段
電車を降りる
駅で電車に乗る

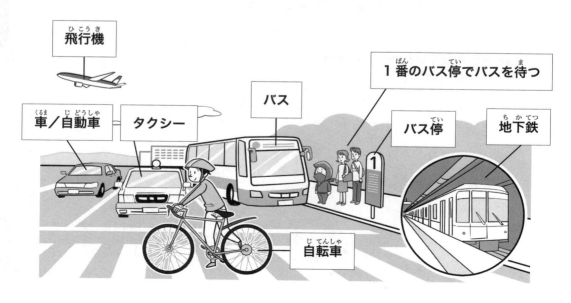

飛行機
車／自動車
タクシー
バス
1番のバス停でバスを待つ
バス停
地下鉄
自転車

例　A：会社まで<ruby>何<rt>なに</rt></ruby>で／<ruby>何<rt>なん</rt></ruby>で<ruby>行<rt>い</rt></ruby>きますか。
　　B：<ruby>電車<rt>でんしゃ</rt></ruby>で<ruby>行<rt>い</rt></ruby>きます。／<ruby>歩<rt>ある</rt></ruby>いて<ruby>行<rt>い</rt></ruby>きます。

　　A：<ruby>何番<rt>なんばん</rt></ruby>のバスに<ruby>乗<rt>の</rt></ruby>りますか。
　　B：2<ruby>番<rt>ばん</rt></ruby>のバスに<ruby>乗<rt>の</rt></ruby>ってください。

　　A：この<ruby>電車<rt>でんしゃ</rt></ruby>は<ruby>池山駅<rt>いけやまえき</rt></ruby>に<ruby>止<rt>と</rt></ruby>まりますか。
　　B：いいえ、<ruby>止<rt>と</rt></ruby>まりません。

　　A：トムさんの<ruby>国<rt>くに</rt></ruby>から<ruby>日本<rt>にほん</rt></ruby>まで<ruby>飛行機<rt>ひこうき</rt></ruby>で<ruby>何時間<rt>なんじかん</rt></ruby>かかりますか。
　　B：4<ruby>時間半<rt>じかんはん</rt></ruby>かかります。

　　A：<ruby>何時<rt>なんじ</rt></ruby>の<ruby>飛行機<rt>ひこうき</rt></ruby>に<ruby>乗<rt>の</rt></ruby>りますか。
　　B：4<ruby>時<rt>じ</rt></ruby>の<ruby>飛行機<rt>ひこうき</rt></ruby>に<ruby>乗<rt>の</rt></ruby>ります。

リスト

15　交通に関係する表現

16. 学校に関係する表現　学校常用语

（1）教室にあるもの　教室用品

机	椅子	ノート	本
鉛筆	消しゴム	ボールペン	辞書
かばん			

（2）授業で使うことば　课堂用语

クラス	授業	休み
春休み／夏休み／冬休み	昼休み	宿題
テスト	問題	答え
日本語／英語		

（3）授業で使う動詞　课堂常用动词

質問します	答えます	勉強します
練習します	話します	聞きます
書きます	読みます	休みます
始めます	終わります	

例　学生は<ruby>何番<rt>なんばん</rt></ruby>の<ruby>問題<rt>もんだい</rt></ruby>を<ruby>読<rt>よ</rt></ruby>みますか。
　　<ruby>先生<rt>せんせい</rt></ruby>：4 ページの 3 <ruby>番<rt>ばん</rt></ruby>を<ruby>読<rt>よ</rt></ruby>んでください。

　　<ruby>学生<rt>がくせい</rt></ruby>はテストの<ruby>日<rt>ひ</rt></ruby>、どの<ruby>教室<rt>きょうしつ</rt></ruby>へ<ruby>行<rt>い</rt></ruby>きますか。
　　<ruby>先生<rt>せんせい</rt></ruby>：テストの<ruby>日<rt>ひ</rt></ruby>は、1 <ruby>階<rt>かい</rt></ruby>の 12 <ruby>番教室<rt>ばんきょうしつ</rt></ruby>へ<ruby>行<rt>い</rt></ruby>ってください。

　　<ruby>学生<rt>がくせい</rt></ruby>は<ruby>何<rt>なに</rt></ruby>で／<ruby>何<rt>なん</rt></ruby>で<ruby>名前<rt>なまえ</rt></ruby>を<ruby>書<rt>か</rt></ruby>きますか。
　　<ruby>先生<rt>せんせい</rt></ruby>：<ruby>黒<rt>くろ</rt></ruby>のボールペンで<ruby>書<rt>か</rt></ruby>いてください。

　　クラスで<ruby>先生<rt>せんせい</rt></ruby>が<ruby>話<rt>はな</rt></ruby>しています。<ruby>学生<rt>がくせい</rt></ruby>は<ruby>今日<rt>きょう</rt></ruby>うちでどこを<ruby>勉強<rt>べんきょう</rt></ruby>しますか。
　　<ruby>先生<rt>せんせい</rt></ruby>：<ruby>今日<rt>きょう</rt></ruby>の<ruby>宿題<rt>しゅくだい</rt></ruby>は、10 ページの 6 <ruby>番<rt>ばん</rt></ruby>です。7 <ruby>番<rt>ばん</rt></ruby>はあしたクラスでします。

　　テストのとき、<ruby>学生<rt>がくせい</rt></ruby>は<ruby>机<rt>つくえ</rt></ruby>の<ruby>上<rt>うえ</rt></ruby>に<ruby>何<rt>なに</rt></ruby>を<ruby>置<rt>お</rt></ruby>きますか。
　　<ruby>先生<rt>せんせい</rt></ruby>：<ruby>鉛筆<rt>えんぴつ</rt></ruby>と<ruby>消<rt>け</rt></ruby>しゴムを<ruby>出<rt>だ</rt></ruby>してください。<ruby>本<rt>ほん</rt></ruby>とノートはかばんの<ruby>中<rt>なか</rt></ruby>に<ruby>入<rt>い</rt></ruby>れてください。

リスト

16

学校に関係する表現

17. 道を聞く表現　問路常用语

ことば　词语

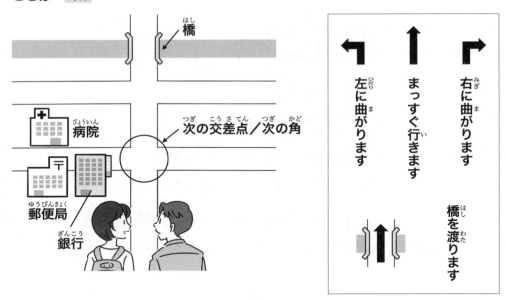

例　A：すみません。郵便局はどこですか。
　　B：次の交差点を左に曲がってください。道の左側に郵便局があります。
　　　　郵便局は銀行の隣です。／郵便局は病院の前です。
　　　　　　　　　‖　　　　　　　　　　　　　　　　‖
　　　　　　隣にあります。　　　　　　　前にあります。

18. 天気に関係する表現　天気常用語

①晴れです。いい天気です。
②曇りです。
③雨です。雨が降っています。
④雪です。雪が降っています。

暑いです	寒いです	暖かいです	涼しいです

例　A：夏休みはどこかへ出かけましたか。
　　B：はい、友達と海へ行きました。
　　A：天気はどうでしたか。
　　A：朝は曇りでしたが、昼からはいい天気でした。でも、暑かったです。

19. 病院に関係する表現　医院常用语

ことば　词语

病院

医者

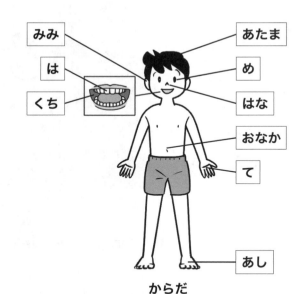

| みみ |
| は |
| くち |
| あたま |
| め |
| はな |
| おなか |
| て |
| あし |

からだ

薬

例　医者　：どうしましたか。
　　男の人：頭が痛いです。

　　医者　：今日はおふろに入らないでください。
　　男の人：シャワーを浴びてもいいですか。
　　医者　：はい、シャワーはいいですよ。

　　医者　：この薬を1日に2回、二つずつ飲んでください。
　　男の人：はい。いつ飲みますか。
　　医者　：朝と夜、ご飯のあとで飲んでください。

20. 服に関係する表現　着装相関用語

ことば 词语

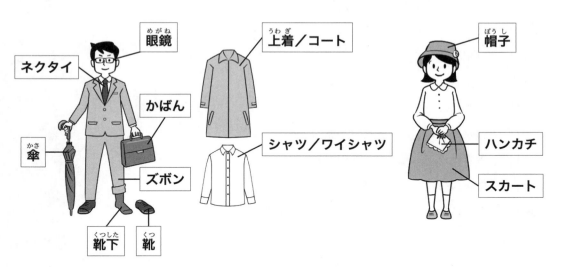

服／洋服／上着／シャツ／ワイシャツ／コートを着ます

スカート／ズボン／靴／靴下をはきます

帽子をかぶります

眼鏡をかけます

傘を差します

ネクタイ／時計をします

例　A：あの赤い服を着ている人はどなたですか。

　　B：みどりさんです。

　　A：山は初めてです。どんな服がいいですか。

　　B：スカートよりズボンのほうがいいですよ。上着を持ってきてください。

各回のイラスト

1回目　さっぽろ雪まつり　　　（北海道）

2回目　ばんえい競馬　　　　　（北海道）

3回目　牧場　　　　　　　　　（北海道）

4回目　りんご　　　　　　　　（青森県）

5回目　青森ねぶた祭　　　　　（青森県）

6回目　わんこそば　　　　　　（岩手県）

7回目　きりたんぽ　　　　　　（秋田県）

8回目　なまはげ　　　　　　　（秋田県）

9回目　伊達政宗　　　　　　　（宮城県）

10回目　仙台七夕まつり　　　　（宮城県）

11回目　将棋の駒　　　　　　　（山形県）

12回目　赤べこ　　　　　　　　（福島県）

72

听力原文、答案与解析

スクリプトと<ruby>解答<rt>かいとう</rt></ruby>・<ruby>解説<rt>かいせつ</rt></ruby>

1ばん　　正解　3　　　　　　　　　　　　　　　　　　　　p.4

スクリプト　🔊3

先生と学生が話しています。学生は何番の問題を読みますか。

男：今日の練習は4ページの3番からです。じゃあ、リンさん、3番の問題を読んでく
　　ださい。

女：先生、昨日は1番しかしませんでした。今日は2番の問題からです。

男：ああ、そうですね。でも、今日は時間がありませんから、2番は宿題です。うちでし
　　てください。

女：わかりました。

男：じゃあ、お願いします。

学生は何番の問題を読みますか。

解説

学生は「昨日は1番しかしませんでした。今日は2番の問題からです」と言いましたが、2番の問題は宿題なので、3番の問題を読みます。

学生虽然说"昨日は1番しかしませんでした。今日は2番の問題からです（昨天只做了第1題。今天从第2題开始做）"，但是第2題留作作业了，所以读第3題。

2ばん　　正解　2　　　　　　　　　　　　　　　　　　　　p.5

スクリプト　🔊4

女の人と男の人が話しています。女の人はどのケーキを買いますか。

女：すみません、このチョコレートのケーキを三つください。

男：はい、大きいケーキですか。小さいケーキですか。

女：小さいケーキです。それから、このいちごのケーキを四つお願いします。

男：はい。八つですね。

女：いいえ、八つじゃなくて四つです。

女の人はどのケーキを買いますか。

解説
女の人はチョコレートの小さいケーキ三つといちごのケーキを四つと言いました。➡️「助数詞」p.52、「依頼する」p.56、「店に関係する表現」p.61

女子说想要三块小的巧克力蛋糕和四块草莓蛋糕。

3ばん　　正解　3　　　　　　　　　　p.5

スクリプト 🔊5

女の人と男の人が話しています。女の人はあした、1時にどこで男の人と会いますか。

女：あしたのテニスは、2時からですね。私はグリーンテニスクラブへ初めて行きます。クラブに一番近い駅は山田駅ですか。

男：いいえ、池山駅です。駅で会って、一緒に行きましょう。

女：はい、お願いします。

男：じゃあ、1時に、駅で。

女：はい。

男：テニスのあとで、レストランへ行きませんか。

女：いいですね。そうしましょう。

女の人はあした、1時にどこで男の人と会いますか。

解説

女の人は、テニスクラブの場所を知りません。それで、男の人とテニスクラブに一番近い池山駅で1時に会う約束をしました。➡️「質問のことば」p.46、「誘う」p.58

女子不知道网球俱乐部在哪里，因此和男子约定1点在离网球俱乐部最近的池山站会面。

2 回目

1ばん　　正解　2　　　　　　　　　　　　　　　　　p.8

スクリプト ◀))8

夜、隣のうちの人に会いました。何と言いますか。

女：1　おやすみなさい。

　　2　こんばんは。

　　3　おはようございます。

解説

➡「あいさつ／決まった表現」p.48

1　「おやすみなさい」は夜寝るときのあいさつ。

3　「おはようございます」は朝、人に会ったと
　　きのあいさつ。

| 1 "おやすみなさい"是晚上要睡觉时说的打招呼语。 |
| 3 "おはようございます"是早上遇到别人时说的打招呼语。 |

2ばん　　正解　2　　　　　　　　　　　　　　　　　p.8

スクリプト ◀))9

あした、友達と一緒に映画を見たいです。何と言いますか。

男：1　映画を見てください。

　　2　映画を見に行きませんか。

　　3　映画は好きですよ。

解説

誘うときは「～ませんか」を使います。➡「誘う」

p.58

| "～ませんか"用于邀请别人做某事时。 |

3ばん　正解　2　p.9

スクリプト 🔊10

図書館が開いている時間が知りたいです。図書館に電話をかけました。何と言いますか。

女：1　はい、東京図書館です。

　　2　そちらは何時から何時までですか。

　　3　今、何時ですか。

解説

1　図書館の人が電話に出たときに言う表現。

3　今の時間を聞く表現。

1　这是图书馆的人接电话时说的话。
3　这是询问现在时间的表达方式。

4ばん　正解　3　p.9

スクリプト 🔊11

スーパーで牛乳の場所を聞きます。何と言いますか。

女：1　牛乳はどうですか。

　　2　スーパーはどこですか。

　　3　牛乳はどこですか。

解説

➡「質問のことば」p.46

1　「牛乳はどうですか」は、牛乳がおいしいか
　どうかなどを聞くときの表現。牛乳を勧める
　ときにも使います。

2　「スーパーはどこですか」は、スーパーの場
　所を聞きたいときに言います。

1　"牛乳はどうですか" 是询问牛奶是否好喝时说的话。也可以用来推荐牛奶。
2　"スーパーはどこですか" 是在询问超市地址时说的话。

スクリプト 🔊13

男の人とホテルの人が話しています。男の人は何時にホテルを出ますか。

男：あした 11 時の電車に乗りたいです。ホテルから駅までタクシーでどのぐらいかかり
　　ますか。

女：40 分ぐらいです。でも、ときどき 50 分ぐらいかかります。

男：そうですか。電車に乗る前に 1 時間ぐらい買い物がしたいですから、2 時間前に出ます。

女：そうですか。では、その時間にタクシーを呼びましょうか。

男：はい。お願いします。

男の人は何時にホテルを出ますか。

解説

男の人は買い物をするので、電車に乗る 2 時間前にホテルを出ます。11 時の 2 時間前なので、9 時に出ます。

男子乗車前要购物，所以要提前 2 小时离开宾馆。11 点的电车，所以提前 2 小时就是 9 点。

6ばん　　正解　**3**　　　　　　　　　　　　　　　　　　p.9

スクリプト 🔊14

道で男の人と女の人が話しています。男の人はこれからどこへ行きますか。

男：すみません、さくら銀行はどこですか。

女：さくら銀行ですね。この道をまっすぐ行ってください。あそこに交差点がありますね。

男：はい。

女：あの交差点を右に曲がって少し歩いてください。右側にコンビニがあります。さくら
　　銀行はコンビニの前にありますよ。

男：ありがとうございます。

男の人はこれからどこへ行きますか。

解説

交差点を右に曲がりますから、1と2ではありません。道の右側にあるのはコンビニ（4）で、さくら銀行はコンビニの前にあります（3）。

➡「位置を表すことば」p.51、「依頼する」p.56、「道を聞く表現」p.68

沿十字路口往右转，所以1和2都不对。道路右侧的是便利店（4），櫻花银行在便利店的前面（3）。

---

3 回目

1ばん　　正解 2　　　　　　　　　　　　　p.10

スクリプト　🔊16

病院で医者と女の人が話しています。女の人は朝、どの薬を飲みますか。

男：じゃあ、薬を出します。この大きい薬は、朝ご飯、昼ご飯、晩ご飯のあとで二つずつ飲んでください。

女：はい。1日に3回、二つずつですね。

男：ええ。それで、この小さい薬は、夜寝る前に一つ飲んでください。朝や昼は飲まないでください。

女：わかりました。

女の人は朝、どの薬を飲みますか。

解説

医者は「この大きい薬は、朝ご飯、昼ご飯、晩ご飯のあとで二つずつ飲んでください」小さい薬は「朝や昼は飲まないでください」と言いました。

➡「禁止する」p.58、「病院に関係する表現」p.70

医生说"この大きい薬は、朝ご飯、昼ご飯、晩ご飯のあとで二つずつ飲んでください（这种大的药片是早饭、午饭、晚饭后每次吃两片）"，关于小的药片医生说"朝や昼は飲まないでください（早上和白天不吃）"。

80

2ばん　正解　1　p.10

p.10

スクリプト　🔊17

女の人と男の人が話しています。男の人はどこへ行きますか。

女：すみません。スーパーへ牛乳を買いに行ってください。

男：駅の前のスーパーですか。今日は休みですよ。

女：え！　そうですか。

男：銀行の隣にコンビニがありますよ。

女：コンビニは高いですが、じゃあ、そこで買ってください。

男の人はどこへ行きますか。

解説

スーパーは休みなので、コンビニで買います。
「そこで買ってください」の「そこ」はコンビニ。
➡「依頼する」p.56

> 超市不营业，所以在便利店购买。"そこで
> 買ってください（请在那里购买）"的"そ
> こ"指的是便利店。

3ばん　正解　3　p.11

p.11

スクリプト　🔊18

学校で先生が話しています。学生は、テストの日、何番の教室へ行きますか。

男：皆さん、来週の金曜日は、テストです。いつもと教室が違います。今、皆さんは、2
　　階の 24 番の教室にいますが、テストは広い教室でします。テストの日は、1 階の
　　12 番教室に来てください。エレベーターの前の大きい部屋です。

学生は、テストの日、何番の教室へ行きますか。

解説

先生は「1階の12番教室に来てください」と言いました。1階、2階は建物の階数で、部屋の番号ではありません。➡「助数詞」p.52、「学校に関係する表現」p.66

老師说"1階の12番教室に来てください（请到 1 层 12 号教室）"。"1 階""2 階"都是建筑物的层数，不是房间号。

4ばん　　正解　3　　　　　　　　　　　p.11

スクリプト 🔊20

授業が終わりました。先生に、何と言いますか。

女：1　すみません。

　　2　ごめんなさい。

　　3　ありがとうございました。

解説

授業が終わったあとなので、先生に、教えてくれたことに対してお礼を言います。➡「あいさつ／決まった表現」p.48

因为是上课结束之后，所以是对老师致谢，感谢老师教授知识。

5ばん　　正解　1　　　　　　　　　　　p.11

スクリプト 🔊21

うちに会社の人が来ました。コーヒーを出したいです。何と言いますか。

女：1　コーヒー、いかがですか。

　　2　コーヒー、どうでしたか。

　　3　どんなコーヒーですか。

解説

「～（は）、いかがですか」は、相手に今の気持ちを聞く表現です。相手にものを勧めるときにも使います。「どうですか」よりていねいです。➡「質問のことば」p.46、「あいさつ／決まった

"～（は）、いかがですか"是询问对方现在心情怎么样的说法。也可以用于向对方推荐某个东西时。比"どうですか"更有礼貌。

表現」p.48

2 「〜（は）、どうでしたか」はもう終わったことについて相手に感想を聞くときに使います。例：昨日見た映画はどうでしたか。

3 「どんなコーヒーですか」はコーヒーの状態、種類を聞く表現。

2 "〜（は）、どうでしたか" 是就已经结束的事情向对方询问感想时的说法。例：昨日見た映画はどうでしたか。（昨天看的电影怎么样？）

3 "どんなコーヒーですか" 是询问咖啡状态、种类的说法。

6ばん　　正解　3　　　　　　　　　　　p.11

スクリプト　🔊22

タクシーで東京駅へ行きたいです。何と言いますか。

女：1　東京駅から行きましょう。
　　2　東京駅へ行きましたか。
　　3　東京駅まで行ってください。

解説

➡「依頼する」p.56

1 「東京駅から」は東京駅が出発点。この人は東京駅へ行きたいと思っています。「行きましょう」は、誘うときに使う表現。➡「誘う」p.58

2 「東京駅へ行きましたか」は行ったかどうか質問する表現。

1 "東京駅から" 是指从东京站出发。这个人想去东京站。"行きましょう" 是邀请对方一起去时的说法。

2 "東京駅へ行きましたか" 是询问是否去过的说法。

7ばん　　正解　2　　　　　　　　　　　p.11

スクリプト　🔊23

スーパーの休みの日を聞きたいです。スーパーの人に、何と言いますか。

男：1　今日は、何曜日ですか。

2 　何曜日が休みですか。

3 　この店は、何時から何時までですか。

[解説]

➡「質問のことば」p.46

3 　「この店は、何時から何時までですか」は、
　　店の営業時間を聞くときに使う表現。

3 "この店は、何時から何時までですか"
　是询问商店营业时间的说法。

---

4 回目

1ばん　　正解　2　　　　　　　　　　　　　　p.14

[スクリプト] 🔊26

電話で女の人と男の人が話しています。今日、店は何時までですか。

女：はい、スーパーヤマダです。
男：あ、すみません、お店は何時から何時までですか。
女：いつもは 11 時から 8 時までです。でも、今日は 11 時から 7 時までです。
男：え？　1 時までですか。
女：いえ、19 時までです。

今日、店は何時までですか。

[解説]

いつもは店は 8 時までですが、今日は 7 時までです。男の人が 1 時と聞き間違えましたから、店の人は 7 時を 19 時と言い換えました。➡「助数詞」p.52

商店平时是 8 点关门，今天是 7 点关门。男子听错了，听成了 1 点，商店的人换了个说法，把 7 点改说成 19 点。

2ばん　正解　4

スクリプト　🔊27

女の人と駅の人が話しています。女の人は大学まで何で行きますか。

女：すみません、この駅からみなと大学まで電車でどのぐらいかかりますか。

男：電車で10分ぐらいです。それから20分歩きます。

女：地下鉄はありますか。

男：地下鉄はありませんが、バスはありますよ。バスで15分ぐらいです。それから、5分歩きます。タクシーは10分ぐらいですよ。

女：そうですか。でも、タクシーは高いですね。バスで行きます。たくさん歩きたくないですから。

女の人は大学まで何で行きますか。

解説

電車は駅からたくさん歩きます。地下鉄はありません。また、タクシーは料金が高いので、女の人は「バスで行きます」と言いました。➡「交通に関係する表現」p.64

乗坐电车的话从车站要走很久。没有地铁。另外打车的话打车费很高，所以女子说"バスで行きます（坐公交车去）"。

3ばん　正解　2

p.15

スクリプト　🔊28

女の人と男の人が話しています。男の人のお父さんは何をしていますか。男の人です。

女：サントスさんのお母さんはどんな仕事をしていますか。

男：母はサニーに勤めています。

女：どんな会社ですか。

男：コンピューターの会社です。父は小学校で英語を教えています。由実さんのご両親は？

女：父は医者です。母はギターを教えています。

4回目　85

<ruby>男<rt>おとこ</rt></ruby>の<ruby>人<rt>ひと</rt></ruby>のお<ruby>父<rt>とう</rt></ruby>さんは<ruby>何<rt>なに</rt></ruby>をしていますか。

<ruby>解説<rt>かいせつ</rt></ruby>

<ruby>男<rt>おとこ</rt></ruby>の<ruby>人<rt>ひと</rt></ruby>は「<ruby>父<rt>ちち</rt></ruby>（＝お<ruby>父<rt>とう</rt></ruby>さん）は<ruby>小学校<rt>しょうがっこう</rt></ruby>で<ruby>英語<rt>えいご</rt></ruby>を<ruby>教<rt>おし</rt></ruby>えています」と<ruby>言<rt>い</rt></ruby>いました。➡「<ruby>家族関係<rt>かぞくかんけい</rt></ruby>を<ruby>表<rt>あらわ</rt></ruby>すことば」p.60

1 <ruby>男<rt>おとこ</rt></ruby>の<ruby>人<rt>ひと</rt></ruby>のお<ruby>母<rt>かあ</rt></ruby>さん。
3 <ruby>女<rt>おんな</rt></ruby>の<ruby>人<rt>ひと</rt></ruby>のお<ruby>父<rt>とう</rt></ruby>さん。
4 <ruby>女<rt>おんな</rt></ruby>の<ruby>人<rt>ひと</rt></ruby>のお<ruby>母<rt>かあ</rt></ruby>さん。

男子说"父（＝お父さん）は小学校で英語を教えています（我父亲在小学教英语）"。
1 男子的母亲。
3 女子的父亲。
4 女子的母亲。

5 回目

1ばん <ruby>正解<rt>せいかい</rt></ruby> **4** p.16

スクリプト 🔊30

<ruby>女<rt>おんな</rt></ruby>の<ruby>人<rt>ひと</rt></ruby>と<ruby>男<rt>おとこ</rt></ruby>の<ruby>人<rt>ひと</rt></ruby>が<ruby>話<rt>はな</rt></ruby>しています。<ruby>男<rt>おとこ</rt></ruby>の<ruby>人<rt>ひと</rt></ruby>の<ruby>眼鏡<rt>めがね</rt></ruby>はどこにありましたか。

<ruby>女<rt>おんな</rt></ruby>：<ruby>林<rt>はやし</rt></ruby>さん、どうしましたか。
<ruby>男<rt>おとこ</rt></ruby>：<ruby>眼鏡<rt>めがね</rt></ruby>がありません。テーブルの<ruby>上<rt>うえ</rt></ruby>にありません。テレビの<ruby>下<rt>した</rt></ruby>にもありません。
<ruby>女<rt>おんな</rt></ruby>：<ruby>机<rt>つくえ</rt></ruby>の<ruby>中<rt>なか</rt></ruby>は？
<ruby>男<rt>おとこ</rt></ruby>：ありません。
<ruby>女<rt>おんな</rt></ruby>：あ！ ありました。
<ruby>男<rt>おとこ</rt></ruby>：え？ どこですか。
<ruby>女<rt>おんな</rt></ruby>：<ruby>林<rt>はやし</rt></ruby>さん、<ruby>頭<rt>あたま</rt></ruby>の<ruby>上<rt>うえ</rt></ruby>に<ruby>何<rt>なに</rt></ruby>がありますか。
<ruby>男<rt>おとこ</rt></ruby>：ははは、ここにありましたね。

<ruby>男<rt>おとこ</rt></ruby>の<ruby>人<rt>ひと</rt></ruby>の<ruby>眼鏡<rt>めがね</rt></ruby>はどこにありましたか。

女の人は林さんの頭の上に眼鏡があることに気がついて、男の人は「ここにありましたね」と言いました。➡「質問のことば」p.46、「位置を表すことば」p.51

女子发现林先生的头上有一副眼镜，男子说"ここにありましたね（原来在这里啊）"。

2ばん　　正解　3　　　　　　　　　　　　　　p.16

スクリプト 🔊31

男の人と女の人が話しています。お弁当はどこで買いますか。

男：あした乗る電車は 12 時ですね。

女：ええ。乗る前に昼ご飯を買って、電車の中で食べませんか。

男：いいですね。駅の中に弁当の店がありますから、そこで買いましょう。

女：駅のお弁当ですか。駅の近くにデパートがありますから、そこで買いませんか。いろいろなお弁当がありますよ。

男：あ、そうですね。お茶とお菓子は駅の近くのコンビニで買いましょう。

女：そうしましょう。

お弁当はどこで買いますか。

女の人が「駅の近くにデパートがありますから、そこで買いませんか」と言ったら、男の人は「そうですね」と賛成しました。➡「誘う」p.58

女子说了"駅の近くにデパートがありますから、そこで買いませんか（车站附近有百货商场，要不要在那里买？）"之后，男子表示赞同，说"そうですね（是啊）"。

3ばん　　正解　1　　　　　　　　　　　　　　　　　　　　　p.17

スクリプト 🔊32

女の人と男の人が話しています。男の人のうちに黒い犬が何匹いますか。

女：太郎さん、動物が好きですか。

男：ええ。うちに犬が3匹いますよ。

女：たくさんいますね。

男：白い犬が2匹と黒い犬です。ねこもいますよ。

女：わあ、ねこも3匹ですか。

男：いいえ、1匹です。

男の人のうちに黒い犬が何匹いますか。

解説

男の人のうちには犬が全部で3匹います。「白い犬が2匹と黒い犬です」と言っているので、黒い犬は1匹。➡「助数詞」p.52

男子家里总共有3只狗。他说"白い犬が2匹と黒い犬です（2只白色的狗和黑色的狗）"，所以黑色的狗是1只。

4ばん　　正解　3　　　　　　　　　　　　　　　　　　　　　p.17

スクリプト 🔊34

パーティーで知らない人と話します。何と言いますか。

男：1　始めましょう。

　　2　どういたしまして。

　　3　はじめまして。

解説

「はじめまして」は初めて会った人に言う表現。
➡「あいさつ／決まった表現」p.48

1　授業や仕事を始めるときに言うことば。

2　「ありがとうございます」の返事。

"はじめまして"是与别人初次见面时说的话。
1　是开始上课或者工作时说的话。
2　是"ありがとうございます"的应答语。

5ばん　　正解　2　　　　　　　　　　　　　　　　　　　　p.17

スクリプト　🔊35

花がほしいです。店で何と言いますか。

女：1　この花、5本買いませんか。

　　　2　この花、5本お願いします。

　　　3　この花、5本買いたかったです。

解説

➡「店に関係する表現」p.61

1　「買いませんか」は買うことを勧める表現。

3　「買いたかったです」は「買いたいです」の
　　過去形ですから、今、花が欲しいということ
　　を店の人に伝えるときには使えません。

1　"買いませんか（要不要买？）"是劝说
　　别人购买时说的话。
3　"買いたかったです"是"買いたいで
　　す（想买）"的过去时态，所以在告
　　知商店的人现在想买花时不能使用该
　　说法。

6ばん　　正解　3　　　　　　　　　　　　　　　　　　　　p.17

スクリプト　🔊36

おばあさんが大きい荷物を持っています。何と言いますか。

男：1　持っていますか。

　　　2　持ってください。

　　　3　持ちましょうか。

解説

男の人はおばあさんの荷物を持ってあげたいと
思っているので、申し出る表現が適切です。1
は質問、2は依頼の表現。➡「依頼する」p.56、
「申し出る」p.57

男子想帮老奶奶拿行李，所以应该用表示
提议的表达方式。1是提问，2是表达请求
的说法。

7ばん　　　正解　**2**

p.17

スクリプト　🔊37

先生に借りた本を返します。何と言いますか。

女：1　この本、貸してくださいませんか。

　　　2　この本、ありがとうございました。

　　　3　この本、借りたいです。

解説

借りた本を返すときはお礼を言います。➡「あいさつ／決まった表現」p.48

1・3　「貸してくださいませんか」「この本、借りたいです」は借りるときに言う表現。➡「依頼する注意」p.56

> 还书时应该道谢。
>
> 1・3　"貸してくださいませんか（能借给我吗？）""この本、借りたいです（我想借这本书）"是借书时说的话。

---

6 回目

1ばん　　　正解　**1**

p.20

スクリプト　🔊40

女：今何時ですか。

男：1　5時です。

　　　2　5時間です。

　　　3　はい、そうです。

解説

➡「質問のことば」p.46

2　「5時間」は時間の長さを表す表現。➡「助数詞注意」p.54

3　「何」という疑問詞のついた質問には、「はい」「いいえ」で答えることはできません。

> 2　"5時間"表示的是时间的长度。
>
> 3　用带"何"的疑问词提问时，不能用"はい"或者"いいえ"回答。

2ばん　　正解　**3**　　　　　　　　　　　　　　　　　　　　　　　p.20

スクリプト　🔊41

男：もう先生と話しましたか。

女：1　早く話してください。

　　2　宿題ですよ。

　　3　いえ、今からです。

解説

男の人は女の人が先生と話したかどうか聞いています。女の人は、まだ話していませんが、今から話すと答えました。

1　「早く話してください」は、男の人に早く話すように言う表現。

> 男子在问女子是否已经和老师说过了。女子回答说还没有，现在去说。
>
> 1　"早く話してください（请尽快说）"表示催促男子尽快去说。

3ばん　　正解　**1**　　　　　　　　　　　　　　　　　　　　　　　p.20

スクリプト　🔊42

男：旅行はどうでしたか。

女：1　楽しかったです。

　　2　京都です。

　　3　2時間かかりました。

解説

「どうでしたか」は旅行の感想を聞くときの表現。

➡「質問のことば」p.46

> "どうでしたか"是询问旅行感想如何的说法。

4ばん　　正解　2　　　　　　　　　　　　　　　　　　　　　p.20

スクリプト　🔊43

女：これ、一つください。

男：1　はい、ください。

　　2　はい、300円です。

　　3　はい、一人ですね。

解説

「これ、一つください」は、お店で商品を一つ買いたいときにお店の人に言う表現。➡「助数詞」p.52、「店に関係する表現」p.61

"これ、一つください"是在商店里想买一件商品时，向店员说的话。

5ばん　　正解　4　　　　　　　　　　　　　　　　　　　　　p.21

スクリプト　🔊45

郵便局の人と男の人が話しています。男の人は何で書きますか。

女：この紙に名前と電話番号を書いてください。

男：はい、鉛筆でいいですか。

女：いいえ、鉛筆じゃなくて、ボールペンで書いてください。

男：すみません、今、赤いボールペンは持っていますが、黒いボールペンはありません。赤いボールペンで書いてもいいですか。

女：いいえ。じゃ、うしろの机の上に黒いボールペンがありますから、それを使ってください。

男の人は何で書きますか。

解説

女の人は、「ボールペンで書いてください」と言いました。また、「黒いボールペンがありますから、それを使ってください」と言いました。➡「依頼する」p.56

女子说"ボールペンで書いてください（请用圆珠笔写）"。另外还说了"黒いボールペンがありますから、それを使ってください（有黑色圆珠笔，请用那个）"。

6ばん　　正解　2　　　　　　　　　　　　　　　　　　　p.21

スクリプト　🔊46

傘の店で女の人と店の人が話しています。短くて白い傘はいくらですか。

女：すみません。この黒い傘はいくらですか。

男：それは、3,000円です。

女：そうですか。じゃ、その白い傘はいくらですか。

男：長いのですか、短いのですか。長いのは4,000円で、短いのは2,500円です。それ
　　からこの青いのは2,200円です。

女：じゃ、白い傘をください。短いのを買います。

短くて白い傘はいくらですか。

解説

➡「店に関係する表現」p.61

1　青い傘の値段。

3　黒い傘の値段。

4　長くて白い傘の値段。

1	蓝色伞的价格。
3	黑色伞的价格。
4	长的白色伞的价格。

1ばん　　正解　4　　　　　　　　　　　　　　　　　　p.22

スクリプト　🔊48

男の人と女の人が話しています。二人はいつ映画を見に行きますか。

男：映画を見に行きませんか。

女：ええ、いいですね。今日は4日ですね。今週は仕事が忙しいです。

男：じゃ、来週はどうですか。

女：はい、水曜日と木曜日はだいじょうぶです。

男：水曜日はちょっと……。木曜日はだいじょうぶです。じゃ、木曜日に行きましょう。

二人はいつ映画を見に行きますか。

解説

女の人は今週忙しいですが、来週の水曜日（11日）と木曜日（12日）は時間があります。男の人は、「じゃ、木曜日に行きましょう」と言いました。➡「誘う」p.58

女子本周忙，下周的周三（11号）和周四（12号）有时间。男子说"じゃ、木曜日に行きましょう（那么，周四去吧）"。

2ばん　　正解　2　　　　　　　　　　　　　　　　　　p.22

スクリプト　🔊49

先生が学生に話しています。学生ははじめに何をしますか。

男：皆さん、海に着きました。見てください。今日は天気がいいですね。海がきれいですから、あとで散歩しましょう。今からレストランで昼ご飯を食べます。今、1時ですね。昼ご飯は2時までです。そのあと、散歩します。レストランの隣には店と喫茶店がありますから、散歩のあとで買い物をしたりお茶を飲んだりしてもいいですよ。

学生ははじめに何をしますか。

まず昼ご飯を食べます。そのあとで、散歩をします。それから、買い物をしたり、お茶を飲んだりします。➡「順番」p.55

首先吃午饭，吃完饭后散步，然后买东西或者喝茶。

3ばん　　正解　1　　　　　　　　　　　　p.23

スクリプト　🔊50

デパートで、女の人と店の人が話しています。店の人はどのかばんを取りますか。

女：すみません、あそこにある白いかばんを見せてください。
男：こちらですか。
女：いえ、それじゃありません。あの一番上のです。あの黒くて大きいかばんの隣です。
男：あ、あれですね。

店の人はどのかばんを取りますか。

解説

白いかばんは1と3ですが、女の人は「一番上」「黒くて大きいかばんの隣です」と言いましたから、店の人は1を取ります。➡「位置を表すことば」p.51、「店に関係する表現」p.61

白色的包是1和3都符合，女子说"一番上（最面面）""黒くて大きいかばんの隣です（黒色的大包的旁边）"，所以店员取了1。

4ばん　　正解　1　　　　　　　　　　　　p.23

スクリプト　🔊52

男：テレビを消してもいいですか。
女：1　ええ、どうぞ。
　　2　はい、どうも。
　　3　いいえ、けっこうです。

➡「許可を求める」p.57

2 「はい、どうも」は、「はい、どうもすみません」か「はい、どうもありがとうございます」を短くした言い方。許可を求められたときの返事としては使えません。

3 何かを勧められて、断るときに使う表現。

2 "はい、どうも"是"はい、どうもすみません（噢，对不起）"或者"はい、どうもありがとうございます（噢，谢谢）"的缩略说法。别人向自己征求许可时，不能使用此项作为应答语。

3 是别人向自己推荐某物，自己表示拒绝时使用的说法。

5ばん　　　正解　2　　　　　　　　　　p.23

スクリプト　🔊53

女：昼休みは何時からですか。

男：1　1時間です。

　　2　11時45分からです。

　　3　12時45分までです。

「何時からですか」は始まる時間を聞く質問。

➡「助数詞」p.52

1 「1時間」は時間の長さを表す表現。

3 「～時（～分）まで」は終わる時間を表す表現。

"何時からですか"问的是几点开始。

1 "1時間"表示时间的长度。

3 "～時（～分）まで"表示结束的时间点。

6ばん　　　正解　2　　　　　　　　　　p.23

スクリプト　🔊54

女：この本はどこに返しますか。

男：1　もう読みました。

　　2　図書館の前のポストです。

　　3　私は図書館へ行きます。

女の人は、本を返す場所を聞いています。男の人は、場所を答えます。

1 「もう読みました」は、「この本を読みましたか」という質問の答え。

女子在询问还书的场所。男子就场所作答。

1 "もう読みました（已经读过了）"是对"この本を読みましたか（这本书已经读过了吗？）"这一提问的应答语。

7ばん　　正解　1　　　　　　　　　　　　p.23

スクリプト 🔊55

男：これは何の本ですか。

女：1　料理の本です。

　　2　佐藤さんの本です。

　　3　おもしろい本です。

解説

「何の本」は、何についての本か聞いています。

➡「質問のことば」p.46

2 「だれの本ですか」の答え。

3 「この本はどんな本ですか」「この本はどうですか」の答え。

"何の本"是就书的内容提问的。

2 是对"だれの本ですか（谁的书？）"这一提问的应答语。

3 是对"この本はどんな本ですか（这是本什么样的书？）""この本はどうですか（这本书怎么样？）"这样的提问的应答语。

回目

1ばん　　正解　1　　　　　　　　　　　　　　　　　p.24

スクリプト　🔊57

会社で女の人と男の人が話しています。女の人は、はじめに何をしますか。

女：吉田さん、コピー、手伝いましょうか。
男：あ、ありがとうございます。じゃあ、10枚ずつお願いします。あそこの部屋で会議
　　をしていますから、持ってきてくださいませんか。
女：どこですか。
男：あの右の部屋です。
女：はい、わかりました。あとでコーヒーも持っていきましょうか。
男：あ、すみません。ありがとうございます。

女の人は、はじめに何をしますか。

解説
女の人は男の人のコピーを手伝うと言いました。
そして、コピーを会議室に持っていったあとで、
コーヒーを持っていくと言いました。➡「助数
詞」p.52、「順番」p.55、「依頼する」p.56、「申
し出る」p.57

女子说她要帮男子复印。然后说把复印好
的材料拿到会议室之后，会端咖啡过去。

2ばん　　正解　1　　　　　　　　　　　　　　　　　p.24

スクリプト　🔊58

先生と学生が話しています。学生はあしたどんな服を着ますか。

男：あしたはクラス旅行ですね。
女：先生、私、山は初めてです。どんな服がいいですか。
男：そうですね。スカートよりズボンのほうがいいですよ。

女：そうですか。上は？

男：シャツがいいです。それから、山の上は寒いですから上着を着てください。

女：わかりました。

学生はあしたどんな服を着ますか。

解説

先生は、「スカートよりズボンのほうがいい」、「寒いですから上着を着てください」と言いました。➡「質問のことば」p.46、「依頼する」p.56、「天気に関係する表現」p.69、「服に関係する表現」p.71

老师说"スカートよりズボンのほうがいい（不要穿裙子，要穿裤子）""寒いですから上着を着てください（天冷，请穿外套）"。

3ばん　　正解 4　　　　　　　　　　　　　　　p.25

スクリプト 🔊59

女の人と男の人が話しています。女の人はあした何を持っていきますか。

女：あしたのパーティーに何か持っていきましょうか。

男：そうですねえ、肉はもう買いました。サラダは本田さんが持ってきます。

女：そうですか。じゃあ、飲み物は？

男：飲み物は山下さんが持ってきます。みどりさんはケーキをお願いします。

女：わかりました。じゃあ、今晩作って、持っていきます。

女の人はあした何を持っていきますか。

解説

女の人は今晩ケーキを作って、あした持っていきます。肉は男の人がもう買いました。サラダは本田さんが持っていきます。飲み物は山下さんが持っていきます。➡「質問のことば 注意」p.47、「依頼する」p.56、「申し出る」p.57

女子今晚做蛋糕，明天带去。肉是男子买的。沙拉是本田带去。饮料是山下带去。

スクリプト 🔊61

女：一緒に昼ご飯を食べませんか。

男：1　それは、食べませんでした。

　　　2　そうですか。知りませんでした。

　　　3　いいですね。行きましょう。

解説

「一緒に昼ご飯を食べませんか」と誘っています。
➡「誘う」p.58

1　「それは、食べませんでした」は、「〜は／を食べましたか」という質問に「いいえ」と答えたいときに使います。

2　「そうですか。知りませんでした」は、新しい情報を教えてもらったときに使います。

> 邀请对方"一緒に昼ご飯を食べませんか
> （一起吃午饭吧）"。
> 1　"それは、食べませんでした（没有吃那个）"是对"〜は／を食べましたか（吃了〜吗？）"这一提问想要做出否定回答时说的话。
> 2　"そうですか。知りませんでした（这样啊。我原来不知道）"是在对方告知自己新信息时说的话。

スクリプト 🔊62

女：りんごをいくつ買いますか。

男：1　六つです。

　　　2　100円です。

　　　3　8日です。

解説

りんごの数を聞いています。➡「助数詞」p.52

2　「いくらですか」と値段を聞かれたときの答え。

3　日にちを聞かれたときの答え。

> 在问苹果的数量。
> 2　是在被问及价格"いくらですか（多少钱？）"时的应答语。
> 3　是在被问及日期时的应答语。

6ばん　　正解　**1**

スクリプト 🔊63

男：もう宿題は終わりましたか。

女：1　はい、昨日しました。

　　2　ええ、宿題です。

　　3　いいえ、食事はまだです。

解説

2　「それは宿題ですか」という質問の答え。

3　「いいえ、食事はまだです」は、「ご飯を食べましたか」という質問の答え。

2　是对"それは宿題ですか（那是作业吗？）"这一提问的应答语。

3　"いいえ、食事はまだです（不，还没有吃饭）"是对"ご飯を食べましたか（已经吃过饭了吗？）"这一提问的应答语。

7ばん　　正解　**3**

p.25

スクリプト 🔊64

男：ここに学校の電話番号を書いてください。

女：1　はい、お願いします。

　　2　はい、電話します。

　　3　すみません。今わかりません。

解説

「電話番号を書いてください」と言われましたが、わからないので、謝りました。→「あいさつ／決まった表現」p.48、「依頼する」p.56

1　「お願いします」は相手に何かを頼むときに言う表現。頼まれた人が言う表現ではありません。

对方对自己说"電話番号を書いてください（请写下电话号码）"，自己不知道所以道歉了。

1　"お願いします"是向对方拜托某事时说的话。被别人拜托事情的人不会这样说。

1ばん　　正解　3　　　　　　　　　　　　　　　　　p.26

スクリプト　🔊66

男の人と女の人が話しています。女の人の家族は全部で何人ですか。

男：サリーさん、ご家族は？
女：両親と私と兄と妹です。
男：皆さん、アメリカに住んでいますか。
女：両親と妹はアメリカに住んでいます。それから兄はフランスの大学で勉強しています。
男：そうですか。

女の人の家族は全部で何人ですか。

解説

サリーさんの家族は、父、母、兄、妹、そしてサリーさんの5人。「両親」はお父さんとお母さんのこと。➡「質問のことば」p.46、「家族関係を表すことば」p.60

> 莎莉的家人有父亲、母亲、哥哥、妹妹和莎莉，共5口人。"両親"是指父亲和母亲。

2ばん　　正解　4　　　　　　　　　　　　　　　　　p.26

スクリプト　🔊67

教室で先生が学生に話しています。鉛筆と消しゴムを忘れた学生は何をしますか。

女：皆さん、今日はテストです。鉛筆と消しゴムを持ってきましたね。鉛筆と消しゴムを忘れた人はいますか。忘れた人は、貸しますから、私のところに取りに来てください。友達に借りないでください。それから、ペンで書かないでください。

鉛筆と消しゴムを忘れた学生は何をしますか。

解説

先生は「忘れた人は、貸しますから、私のところに取りに来てください」「友達に借りないでください」と言いましたから、先生に借ります。➡「禁止する」p.58

老師说"忘れた人は、貸しますから、私のところに取りに来てください（忘记带的人我会借给你们，请来我这里取）""友達に借りないでください（请不要向朋友借）"，所以是向老师借。

3ばん　　正解　3　　　　　　　　　　　　　p.26

スクリプト 🔊68

女の学生と男の学生が話しています。男の学生は土曜日に何時間、働きますか。

女：サムさんは、どこで働いていますか。

男：コンビニです。金曜日と土曜日に働いています。

女：あ、そうですか。何時から何時までですか。

男：えーと、金曜日は1時から5時までですが、土曜日は9時までです。

女：ああ、そうですか。

男の学生は土曜日に何時間、働きますか。

解説

「何時間」は時間の長さを聞いています。男の学生は土曜日の1時から9時まで働いているので、8時間働きます。➡「助数詞 注意」p.54

"何時間"是就时间长度提问的。男学生周六从1点工作到9点，所以是8个小时。

4ばん 　正解 3 　　　　　　　　　　　　　　　　　　p.27

スクリプト 🔊70

友達の住所が知りたいです。何と言いますか。

女：1　住所、教えたいです。

　　2　住所、教えてもいいですか。

　　3　住所、教えてください。

解説

➡「依頼する」p.56

1　「住所、教えたいです」は、自分の住所を友達に教えたいという希望を言う表現。

2　「教えてもいいですか」は自分が教えたいときに許可を求める表現。➡「許可を求める」

　　p.57

1　"住所、教えたいです（我想告诉你地址）"是表达想把自己的地址告诉朋友这一愿望时说的话。

2　"教えてもいいですか（我可以告诉你吗？）"是自己想告诉对方，在向对方征求许可时说的话。

5ばん 　正解 1 　　　　　　　　　　　　　　　　　　p.27

スクリプト 🔊71

おもしろい雑誌が読みたいです。何と言いますか。

男：1　どの雑誌がいいですか。

　　2　おもしろい雑誌が読みたいですか。

　　3　どれが雑誌ですか。

解説

お勧めの雑誌を聞く表現。

2　「おもしろい雑誌が読みたいですか」は自分ではなくて、相手が読みたいかどうかを聞く表現。

3　雑誌を探しているときに言う表現。➡「質問のことば」p.46

这是询问推荐哪本杂志时说的话。

2　"おもしろい雑誌が読みたいですか（你想读有趣的杂志吗？）"是询问对方是否想读时说的话，说的不是自己。

3　是在寻找杂志时说的话。

6ばん　　正解　1　　　　　　　　　　　　　　　　　　　　p.27

スクリプト 🔊73

男：あの赤い服を着ている人はどなたですか。

女：1　あきこさんです。

　　2　台所です。

　　3　あの人です。

解説

「どなたですか」は「だれですか」のていねいな
言い方なので、人の名前を答える1が正解。
➡「質問のことば」p.46

"どなたですか"是"だれですか"的礼貌
说法，所以回答人名的1是正确答案。

7ばん　　正解　2　　　　　　　　　　　　　　　　　　　　p.27

スクリプト 🔊74

女：ご飯、もう少しいかがですか。

男：1　私が作りました。

　　2　もうけっこうです。

　　3　いいえ、まだです。

解説

「もう少しいかがですか」は、ご飯をもっと食べ
ることを勧める表現。2の「もうけっこうです」
は「もういらない」ということをていねいに伝え
る表現。➡「あいさつ／決まった表現」p.48

"もう少しいかがですか（再吃点儿饭吧?）"
是劝说对方再吃点儿饭时说的话。2的"も
うけっこうです"是表达"已经不需要了"
这一意思的礼貌说法。

1ばん　　正解　1　　　　　　　　　　　　p.28

スクリプト　🔊76

女の学生と男の学生が話しています。男の学生は、いつも夜、何時間ぐらい寝ますか。男の学生です。

女：あー、眠いです。

男：だいじょうぶですか。

女：ええ。昨日、宿題がたくさんありましたから、12時に寝ました。そして朝、6時に起きました。いつも、8時間寝ますから、今日は……。

男：えー、でも昨日は、6時間寝ましたね。私は、いつも4時間ぐらいしか寝ませんよ。

女：え？　でもイエンさんは、授業のとき、よく寝ています。

男：あ、はい……。

男の学生は、いつも夜、何時間ぐらい寝ますか。

解説

男の学生は、「私は、いつも4時間ぐらいしか寝ませんよ」と言いました。➡「助数詞 注意」p.54

2 「6時間」は女の学生の昨日の睡眠時間。

3 「8時間」は女の学生のいつもの睡眠時間。

4 「12時」は女の学生が昨日ベッドに入った時間。12時間ではありません。

男学生说"私は、いつも4時間ぐらいしか寝ませんよ（我总是只睡4个小时左右）"。

2 "6時間"是女学生昨天的睡眠时间。

3 "8時間"是女学生平时的睡眠时间。

4 "12時"是女学生昨晚上床的时间。不是12个小时。

2ばん 　正解 **1**　　　　　　　　　　　　　　　　　　　　　　　　p.28

スクリプト 🔊77

男の人と女の人が話しています。二人は日曜日、いつ走りますか。

男：日曜日の朝、一緒に走りませんか。公園は広くてきれいですよ。
女：朝は友達と図書館で勉強します。午後は時間がありますよ。
男：うーん、暑いから、午後はあまり走りたくないです。夜は？
女：夜は危ないですよ。
男：だいじょうぶですよ。二人で走りますから。
女：うーん。夜はうちにいたいです。じゃあ、朝走ってから、図書館で勉強します。

二人は日曜日、いつ走りますか。

解説

女の人は「朝走ってから、図書館で勉強します」と言いましたから、二人は朝走ります。➡「順番」p.55

女子说"朝走ってから、図書館で勉強します（早晨跑完步后再在图书馆学习）"，所以两个人早上跑步。

3ばん 　正解 **3**　　　　　　　　　　　　　　　　　　　　　　　　p.28

スクリプト 🔊78

男の学生と女の学生が話しています。男の学生は夏休みに何をしましたか。男の学生です。

男：メイさん、夏休みはどうでしたか。
女：はい、とても楽しかったです。友達の家族と一緒に、山に行きました。たくさん歩きましたから、疲れました。でも山は本当にきれいでした。アダムさんは？
男：私は、友達と海へ行きましたよ。海で泳ぎたかったですが、雨が降っていましたから、泳ぎませんでした。でも、レストランに行って、おいしい魚の料理をたくさん食べました。これ、写真です。
女：わあ、いいですね。

男の学生は夏休みに何をしましたか。

解説

男の学生は海へ行きましたが、雨が降っていましたから、泳ぎませんでした。レストランで魚の料理を食べました。➡「天気に関係する表現」p.69

1 山に行ったのは女の学生。

4 料理は作りませんでした。レストランで魚の料理を食べました。

男学生虽然去了海边，但是因为一直下雨所以没有游泳。在饭馆吃了鱼。

1 去山里的是女学生。

4 没有做饭。在饭馆吃了鱼。

4ばん　正解　3　　　　　　　　p.29

スクリプト 🔊80

店でシャツを買いたいです。少し小さいです。店の人に何と言いますか。

男： 1 もう少しありませんか。

2 もう少し小さいのをください。

3 もう少し大きいのはありますか。

解説

シャツは小さすぎます。もっと大きいサイズのシャツがほしいときにこのように言います。
➡「店に関係する表現」p.61

1 何かの量、数が足りなくて、もっとほしいときに言う表現。

2 もっと小さいサイズのものがほしいときの表現。

衬衫太小了。想买一件尺寸更大一点儿的时这样说。

1 是某事物的数量不够，需要更多时的说法。

2 是想要尺寸更小一点儿的时的说法。

5ばん　正解　2　　　　　　　　p.29

スクリプト 🔊81

レストランでカレーが来ません。長い時間待っています。店の人に何と言いますか。

女： 1 もうカレーを食べましたか。

2 カレーはまだですか。

3 カレーを食べませんか。

<table>
<tr><td>

解説

カレーを頼んだがまだ来ないときに、店の人に聞いて、催促する表現。➡「レストランに関係する表現」p.63

1　カレーを食べたかどうか聞くときの表現。

3　カレーを食べようと誘う表現。➡「誘う」p.58

</td><td>

这是在饭馆点了咖喱饭但还没有上菜，向服务员催单时的说法。

1　这是询问是否吃过咖喱饭时的说法。

3　这是邀请别人一起吃咖喱饭时的说法。

</td></tr>
</table>

6ばん　　正解　2　　　　　　　　　　　　p.29

スクリプト　🔊83

女：ご家族はどこにいますか。

男：1　3人います。

　　2　アメリカに住んでいます。

　　3　アメリカから来ました。

<table>
<tr><td>

解説

「どこ」は家族がいる場所を聞いています。

➡「質問のことば」p.46

</td><td>

"どこ"是在询问家人身在何处。

</td></tr>
</table>

7ばん　　正解　2　　　　　　　　　　　　p.29

スクリプト　🔊84

男：いつまで日本にいますか。

女：1　去年の1月に来ました。

　　2　来年の1月です。

　　3　日本語を勉強しに来ました。

➡「質問のことば」p.46

1 「いつ日本へ来ましたか」に対する答え。

3 「何をしに日本へ来ましたか」に対する答え。

1 是对"いつ日本へ来ましたか（什么时候来的日本？）"这一提问的应答语。

3 是对"何をしに日本へ来ましたか（来日本做什么？）"这一提问的应答语。

11 回目

1ばん　　正解 **3**　　　　　　　　　　　p.30

スクリプト 🔊86

先生と学生が話しています。学生はどの辞書を持ってきますか。

女：マットさん、私の部屋へ行って、日本語の辞書を持ってきてください。

男：はい。どこにありますか。

女：私の机の上に、辞書が4冊あります。その中の厚い辞書を持ってきてください。厚くて、黒い辞書です。

男：はい、わかりました。

学生はどの辞書を持ってきますか。

解説

先生は「厚い辞書を持ってきてください」「厚くて、黒い辞書」と言いました。

老师说"厚い辞書を持ってきてください（请拿本厚的词典来）""厚くて、黒い辞書（厚的、黑色的词典）"。

110

2ばん　正解　4 p.30

スクリプト 🔊87

男の人と女の人が話しています。女の人はどこへ行きますか。

男：リンさん、今晩、一緒に晩ご飯を食べませんか。

女：ええ、いいですよ。どこで会いますか。中川駅はどうですか。

男：今日はやまと駅の近くで仕事をしますから、やまと駅がいいです。

女：わかりました。駅の出口はどうですか。

男：あそこは寒いですよ。駅の前に喫茶店があります。その中はどうですか。

女：いいですよ。じゃ、6時にそこで会いましょう。

女の人はどこへ行きますか。

解説

男の人は、待ち合わせは、やまと駅の前の喫茶店がいいと言いましたから、女の人はそこへ行きます。

男子说会合地点最好是大和车站前面的咖啡馆，所以女子去那里。

3ばん　正解　3 p.31

スクリプト 🔊89

女の人と男の人が話しています。パーティーに全部で何人行きますか。

女：トマスさん、来週のパーティーにだれが行きますか。早くレストランに電話をしたいです。

男：アンナさんとキムさん、リュウさんと私です。

女：そうですか。それから、私ですね。シンさんは？

男：シンさんはアルバイトがありますから、来ません。私もアルバイトがありますから、少し早く帰ります。でも、パーティーには行きますよ。

女：わかりました。じゃ、レストランに電話をしますね。

パーティーに全部で何人行きますか。

解説

男の人はパーティーに行く人は「アンナさんとキムさん、リュウさんと私（＝トマス）」と言いました。そして、女の人も行くので、全部で５人行きます。

男子说参加聚会的人是"アンナさんとキムさん、リュウさんと私（＝トマス）[安娜、小金、小刘和我（＝托马斯）]"。女子也去，所以总共5人。

4ばん　　正解　1　　　　　　　　　　　　　　p.31

スクリプト　🔊91

友達がギターを弾きました。何と言いますか。

男：1　ギターが上手ですね。

　　2　ギターを弾きませんか。

　　3　ごちそうさまでした。

解説

➡「ほめる」p.59

2　「弾きませんか」は誘うときに使う。➡「誘う」p.58

3　「ごちそうさまでした」は、ごはんが終わったときや、だれかにごちそうしてもらったときに言う表現。➡「あいさつ／決まった表現」p.48

2　"弾きませんか（要不要弾？）"用于邀请别人弹吉他时。

3　"ごちそうさまでした"是在吃完饭或者别人请客吃完饭后说的话。

5ばん　　正解　2　　　　　　　　　　　　　　p.31

スクリプト　🔊92

京都のお酒を買いたいです。店の人に何と言いますか。

女：1　京都のお酒を買いますか。

　　2　京都のお酒、ありますか。

　　3　京都はどこですか。

112

解説

店でほしいものを探すとき、「～、ありますか」と聞きます。➡「店に関係する表現」

p.61

在商店寻找想要买的东西时说"～、ありますか"。

6ばん　　正解　3　　　　　　　　　　　　　　p.31

スクリプト　🔊94

女：ジョンさんの電話番号、知っていますか。

男：1　どこにありますか。

　　2　知りませんでした。

　　3　はい、わかります。

解説

住所や電話番号を知っているときは、「知っています」または「わかります」と答えます。知らないときには「知りません」または「わかりません」と答えます。

如果知道地址或者电话号码，回答说"知っています"或者"わかります"。不知道时回答说"知りません"或者"わかりません"。

7ばん　　正解　1　　　　　　　　　　　　　　p.31

スクリプト　🔊95

男：今日は忙しかったです。疲れました。

女：1　大変でしたね。

　　2　それはよかったです。

　　3　おやすみなさい。

解説

「大変でしたね」は相手に何か悪いことがあったときに言う表現。➡「あいさつ／決まった表現」

p.48

"大変でしたね"是当对方遭遇到什么不好的事情时说的话。

12 回目

1ばん　　正解　4　　　　　　　　　　p.32

スクリプト 🔊97

男の人と女の人が話しています。男の人は、何番のバスに乗りますか。

男：すみません。1番のバスは、くりはら公園へ行きますか。

女：くりはら公園へ行くバスは、2番と、3番と4番です。あ！ 2番は違います。3番と4番です。

男：そうですか。ありがとうございます。

女：あ、今日は日曜日ですね。日曜日は3番のバスはありません。

男：わかりました。

男の人は、何番のバスに乗りますか。

解説

くりはら公園へ行くバスは、3番と4番ですが、今日は日曜日なので、4番のバスしか行きません。

去往栗原公園的公交车是3路和4路，但今天是周日，所以只有4路。

2ばん　　正解　1　　　　　　　　　　p.32

スクリプト 🔊99

男の人と女の人が話しています。あした、だれが東京へ遊びに来ますか。

男：あした、何をしますか。

女：あしたは家族が東京へ遊びに来ます。父と姉と一緒にデパートへ行って、買い物をします。

男：そうですか。お母さんも来ますか。

114

女：母と兄は忙しいですから、あしたは来ません。
男：そうですか。

あした、だれが東京へ遊びに来ますか。

解説

あした来るのはお父さん（父）とお姉さん（姉）。
お母さん（母）とお兄さん（兄）は来ません。
➡「家族関係を表すことば」p.60

明天来的是父亲和姐姐。母亲和哥哥不来。

3ばん　　正解　2　　　　　　　　　　　　　　p.32

スクリプト　🔊100

女の人と男の人が話しています。二人はどんな絵を見ていますか。

女：あ、いい絵ですね。これ、どこですか。
男：わかりません。でも、いい絵ですね。
女：あ、ここ、子どもが二人遊んでいますね。
男：本当。かわいいですね。この木もきれいですね。
女：そうですね。花がたくさん咲いていますね。

二人はどんな絵を見ていますか。

解説

二人が見ている絵は、花が咲いている木の近く
で、子どもが二人遊んでいる絵。

两个人看的是两个孩子在鲜花盛开的树木附近玩耍这样一幅画。

4ばん　　正解　3　　　　　　　　　　　　　　p.33

スクリプト　🔊102

後ろから車が来ました。友達は見ていません。何と言いますか。
女：1　見ませんよ。

2 うるさいですよ。

3 危(あぶ)ないですよ。

解説(かいせつ)
危険(きけん)を知(し)らせるときの表現(ひょうげん)。

这是告知别人有危险时的说法。

5ばん　　　正解(せいかい)　1　　　　　　　　　　　　p.33

スクリプト　🔊103

日本語(にほんご)の本(ほん)を忘(わす)れました。友達(ともだち)の本(ほん)を一緒(いっしょ)に見(み)たいです。何(なん)と言(い)いますか。

男(おとこ)：1　すみません、見(み)せてください。

2　本(ほん)を見(み)てください。

3　その本(ほん)を貸(か)してください。

解説(かいせつ)

本(ほん)を一緒(いっしょ)に見(み)たいので、「見(み)せてください」と言(い)います。➡「依頼(いらい)する」p.56

2　本(ほん)を見(み)るように相手(あいて)に言(い)う表現(ひょうげん)。

3　本(ほん)を借(か)りたいときに言(い)う表現(ひょうげん)。問題文(もんだいぶん)で「一緒(いっしょ)に見(み)たい」と言(い)っていますから、不正解(ふせいかい)。

想要一起看书，所以说"见せてください（请让我看）"。

2　是对方看书时的说法。

3　是想要跟别人借书时的说法。提问句说了"一緒に见たい（想要一起看）"，所以该选项不是正确答案。

6ばん　　　正解(せいかい)　3　　　　　　　　　　　　p.33

スクリプト　🔊105

男(おとこ)：すみません、英語(えいご)の辞書(じしょ)はありますか。

女(おんな)：1　英語(えいご)の雑誌(ざっし)はありません。

2　いいえ、私(わたし)のじゃありません。

3　はい、あそこの本棚(ほんだな)にあります。

かいせつ
解説

英語の辞書があるかどうか聞いていますから、辞書のある場所を答えます。

在询问是否有英语词典，所以要回答词典在哪里。

7ばん　　正解　2　　　　　　　　　　　　　　p.33

スクリプト 🔊106

女：あ、この絵の写真を撮らないでください。

男： 1　どういたしまして。

　　 2　あ、すみません。

　　 3　そうしてください。

かいせつ
解説

「撮らないでください」は、禁止をする言い方。男の人は写真を撮ろうとしていたので、それに対して謝ります。➡「禁止する」p.58

"撮らないでください（请不要拍照）"是表示禁止的说法。男子之前想要拍照，所以要为拍照行为道歉。

もんだい1

1ばん　　正解　**2**　　　　　　　　　　　　　　　　　　　　　　　p.36

スクリプト　🔊108

おんな ひと おとこ ひと はな　　　　　　　　おんな ひと　　　　　　い
女の人と男の人が話しています。女の人はどこへ行きますか。

おんな
女：あの、すみません。この近くにスーパー、ありますか。

おとこ　　　　　　　　　　　　　　　ふた　　　　　　　　　つぎ かど ひだり ま　　　　　　　　みぎがわ
男：あ、スーパーですか。二つありますよ。次の角を左に曲がってください。右側にあり
　　　　　　　　　　　　　　ちか　　　　　　もう ひと　　　　　　　　つぎ かど みぎ ま
　　ます。このスーパーのほうが近いです。もう一つは、その次の角を右に曲がってくだ
　　　ひだりがわ　　　　　　　　　　　　　　　　　おお
　　さい。左側にあります。そのスーパーは大きいですよ。

おんな
女：あ、そうですか。近いスーパーに行きます。ありがとうございました。

おんな ひと　　　　　　い
女の人はどこへ行きますか。

さんしょう
リスト参照

つぎ かど ひだり ま　　　　　　　　　　みち き ひょうげん
「次の角を左に曲がってください」➡「道を聞く表現」p.68

2ばん　　正解　**3**　　　　　　　　　　　　　　　　　　　　　　　p.36

スクリプト　🔊109

きょうしつ せんせい はな　　　　　　　　がくせい　　　　　　　　　なに つか
教室で先生が話しています。学生はあした、テストで何を使いますか。

おとこ みな
男：皆さん、あしたはテストです。テストは鉛筆で書きますから、鉛筆を忘れないでくだ
　　さい。ボールペンは使わないでください。消しゴムも持ってきてくださいね。辞書は
　　つか
　　使わないでください。

がくせい　　　　　　　　　　なに つか
学生はあした、テストで何を使いますか。

さんしょう
リスト参照

がっこう かんけい ひょうげん
➡「学校に関係する表現」p.66

3ばん 　正解 **2** 　　　　　　　　　　　　　　　　　p.37

スクリプト 🔊110

女の人と男の人が話しています。男の人は何時に女の人のうちへ行きますか。

女：シンさん、来週のパーティーですが、うちでカレーを作ってくださいませんか。シン
　　さんのカレーはとてもおいしいですから。

男：いいですよ。パーティーは何時からですか。

女：12時です。

男：じゃあ、パーティーの2時間前に行きます。

女：ありがとうございます。お願いします。

男の人は何時に女の人のうちへ行きますか。

リスト参照

「カレーを作ってくださいませんか」 ➡「依頼する」p.56

「何時からですか」 ➡「質問のことば」p.46

「12時」「2時間前」 ➡「助数詞」p.52

4ばん 　正解 **4** 　　　　　　　　　　　　　　　　　p.37

スクリプト 🔊111

学生と先生が話しています。学生はこのあとすぐ、何をしますか。

男：先生、この机、どうしますか。

女：あ、机は全部隣の教室に持っていってください。

男：椅子も持っていきますか。

女：いいえ、椅子はいいです。

　　……

男：先生、終わりました。次は何をしますか。

女：椅子を並べてください。あ、ごめんなさい。その前に、机を一つ使いたいです。隣の
　　教室から持ってきてください。

男：あ、はい……。

学生はこのあとすぐ、何をしますか。

リスト参照

「持っていってください」「持ってきてください」➡「依頼する」p.56

「その前に」➡「順番」p.55

5ばん　　正解　2　　　　　　　　　　　　　　　　p.37

スクリプト　🔊112

男の人と女の人が話しています。男の人ははじめに何をしますか。

男：もう料理はできましたか。

女：はい。すみません、この料理をテーブルに持っていってください。

男：ちょっと待ってください。先に飲み物を持っていきます。

女：あ、その前に、テーブルに小さいお皿とお箸を並べてください。私は花を持っていきます。

男：はい。わかりました。

男の人ははじめに何をしますか。

リスト参照

「持っていってください」「並べてください」➡「依頼する」p.56

「先に」「その前に」➡「順番」p.55

6ばん　　正解　4　　　　　　　　　　　　　　　　p.38

スクリプト　🔊113

バス停で男の人と女の人が話しています。男の人はどのバスに乗りますか。

男：すみません、はるき山に行きたいです。次のバスでいいですか。

女：あ、ここは北口のバス停ですから、はるき山に行きませんよ。はるき山は、南口のバス停ですよ。

男：はい、わかりました。

女：あ、それから青いバスじゃなくて、白いバスに乗ってください。青いバスははるき山に止まりませんから。

男：はい。どうもありがとうございます。

<ruby>男<rt>おとこ</rt></ruby>の<ruby>人<rt>ひと</rt></ruby>はどのバスに<ruby>乗<rt>の</rt></ruby>りますか。

リスト<ruby>参照<rt>さんしょう</rt></ruby>

➡ 「<ruby>交通<rt>こうつう</rt></ruby>に<ruby>関係<rt>かんけい</rt></ruby>する<ruby>表現<rt>ひょうげん</rt></ruby>」p.64

7ばん　　　<ruby>正解<rt>せいかい</rt></ruby>　**3**　　　　　　　　　　　　　　　　p.38

スクリプト　🔊114

<ruby>会社<rt>かいしゃ</rt></ruby>で<ruby>女<rt>おんな</rt></ruby>の<ruby>人<rt>ひと</rt></ruby>と<ruby>男<rt>おとこ</rt></ruby>の<ruby>人<rt>ひと</rt></ruby>が<ruby>話<rt>はな</rt></ruby>しています。<ruby>男<rt>おとこ</rt></ruby>の<ruby>人<rt>ひと</rt></ruby>ははじめに<ruby>何<rt>なに</rt></ruby>をしますか。

<ruby>女<rt>おんな</rt></ruby>：ミンさん、この<ruby>紙<rt>かみ</rt></ruby>をコピーしてください。<ruby>全部<rt>ぜんぶ</rt></ruby>で20<ruby>枚<rt>まい</rt></ruby>です。そのあと、それを<ruby>隣<rt>となり</rt></ruby>の
　　　<ruby>部屋<rt>へや</rt></ruby>へ<ruby>持<rt>も</rt></ruby>っていってください。
<ruby>男<rt>おとこ</rt></ruby>：はい。20<ruby>枚<rt>まい</rt></ruby>ですね。
<ruby>女<rt>おんな</rt></ruby>：あ、コピーの<ruby>前<rt>まえ</rt></ruby>に、<ruby>水<rt>みず</rt></ruby>を1<ruby>本<rt>ぼん</rt></ruby><ruby>買<rt>か</rt></ruby>ってきてください。<ruby>私<rt>わたし</rt></ruby>は<ruby>部屋<rt>へや</rt></ruby>の<ruby>鍵<rt>かぎ</rt></ruby>を<ruby>開<rt>あ</rt></ruby>けます。
<ruby>男<rt>おとこ</rt></ruby>：わかりました。
<ruby>女<rt>おんな</rt></ruby>：コピーした<ruby>紙<rt>かみ</rt></ruby>は<ruby>隣<rt>となり</rt></ruby>の<ruby>部屋<rt>へや</rt></ruby>の<ruby>机<rt>つくえ</rt></ruby>の<ruby>上<rt>うえ</rt></ruby>に1<ruby>枚<rt>まい</rt></ruby>ずつ<ruby>置<rt>お</rt></ruby>いてください。よろしくお<ruby>願<rt>ねが</rt></ruby>いします。

<ruby>男<rt>おとこ</rt></ruby>の<ruby>人<rt>ひと</rt></ruby>ははじめに<ruby>何<rt>なに</rt></ruby>をしますか。

リスト<ruby>参照<rt>さんしょう</rt></ruby>

「20<ruby>枚<rt>まい</rt></ruby>」「1<ruby>本<rt>ぼん</rt></ruby>」「1<ruby>枚<rt>まい</rt></ruby>」➡「<ruby>助数詞<rt>じょすうし</rt></ruby>」p.52
「そのあと」「コピーの<ruby>前<rt>まえ</rt></ruby>に」➡「<ruby>順番<rt>じゅんばん</rt></ruby>」p.55
「<ruby>持<rt>も</rt></ruby>っていってください」「<ruby>買<rt>か</rt></ruby>ってきてください」「<ruby>置<rt>お</rt></ruby>いてください」➡「<ruby>依頼<rt>いらい</rt></ruby>する」p.56

もんだい2

1ばん　　　<ruby>正解<rt>せいかい</rt></ruby>　**3**　　　　　　　　　　　　　　　　p.39

スクリプト　🔊116

<ruby>女<rt>おんな</rt></ruby>の<ruby>人<rt>ひと</rt></ruby>と<ruby>男<rt>おとこ</rt></ruby>の<ruby>人<rt>ひと</rt></ruby>が<ruby>写真<rt>しゃしん</rt></ruby>を<ruby>見<rt>み</rt></ruby>て<ruby>話<rt>はな</rt></ruby>しています。ヨシコさんのお<ruby>姉<rt>ねえ</rt></ruby>さんはどの<ruby>人<rt>ひと</rt></ruby>ですか。

<ruby>女<rt>おんな</rt></ruby>：これは、<ruby>子<rt>こ</rt></ruby>どものころの<ruby>写真<rt>しゃしん</rt></ruby>です。
<ruby>男<rt>おとこ</rt></ruby>：ヨシコさんは、この<ruby>黒<rt>くろ</rt></ruby>いスカートをはいている<ruby>人<rt>ひと</rt></ruby>ですか。
<ruby>女<rt>おんな</rt></ruby>：はい、このスカートは<ruby>母<rt>はは</rt></ruby>が<ruby>作<rt>つく</rt></ruby>りました。

男：そうですか。

女：これは、姉です。

男：ああ、眼鏡をかけている人ですね。

女：ええ、そうです。これは妹です。

男：へえ、白い帽子がかわいいですね。この背が高い人はだれですか。

女：ああ、この人は私の友達です。

ヨシコさんのお姉さんはどの人ですか。

リスト参照

「スカート」「眼鏡」「帽子」➡「服に関係する表現」p.71

「お姉さん」「母」「姉」「妹」➡「家族関係を表すことば」p.60

2ばん　　正解　3　　　　　　　　　　　　　　　　　　　　　p.39

スクリプト　🔊117

男の人と女の人が話しています。図書館の電話番号は何番ですか。

男：すみません。図書館の電話番号を知っていますか。

女：ええ、ちょっと待ってくださいね。えーと、03-2498-1136 です。

男：03-2498-1146 ですね。

女：いいえ、03-2498-1136 です。

男：ああ、すみません。46じゃなくて、36ですね。ありがとうございます。

図書館の電話番号は何番ですか。

3ばん　　正解　4　　　　　　　　　　　　　　　　　　　　　p.39

スクリプト　🔊118

女の人と男の人が話しています。パン屋は次にいつ開きますか。

女：すみません、隣のパン屋は今日休みですか。

男：はい、今日は水曜日ですから、休みです。あ、でも、今週は月曜から金曜まで休みで

　　すよ。

女：そうですか。ここのパンはおいしいですね。

男：ええ、買いに来る人が多いですよ。

女：そうですね。休みのあと、また来ます。

パン屋は次にいつ開きますか。

4ばん　　正解　1　　　　　　　　　　　　　　　　p.40

スクリプト　🔊119

電話のメッセージを聞いています。クロエさんは土曜日にどこへ行きますか。

男：あ、クロエさん、吉田です。土曜日のパーティー、来ますね。昨日は、イタリア料理
　　のレストランと言いましたが、マリアさんはおすしがいいと言いましたから、駅の前
　　のすし屋に来てください。それから、日曜日のフランス語の勉強は、私のうちじゃな
　　くて、図書館の隣の喫茶店でお願いします。じゃ、土曜日に。

クロエさんは土曜日にどこへ行きますか。

リスト参照

「駅の前のすし屋に来てください」「図書館の隣の喫茶店でお願いします」➡「依頼する」p.56

5ばん　　正解　2　　　　　　　　　　　　　　　　p.40

スクリプト　🔊120

女の人と店の人が話しています。女の人は何を買いましたか。

女：すみません、この服、少し大きいです。もっと小さいのはありますか。

男：小さいのですか。白いのはありませんが、青いのはどうですか。

女：青もいいですね。じゃあ、これ、お願いします。

男：こちらのかばんもどうですか。

女：あ、同じ色のかばんですね。かわいい！

男：ええ、とてもいいかばんですよ。

女：うーん、でも、けっこうです。

女の人は何を買いましたか。

リスト参照

「もっと小さいのはありますか」「青いのはどうですか」「これ、お願いします」➔「店に関係する表現」p.61

6ばん　　正解　3　　p.40

スクリプト　🔊121

女の人と男の人が話しています。男の人は海で何をしましたか。男の人です。

女：夏休み、どこへ行きましたか。

男：海へ行きました。

女：あ、私も海へ行きました。泳いだり、ボールで遊んだりしました。

男：私は海で散歩をしたり、絵を描いたりしました。

女：泳ぎましたか。

男：いいえ。でも、山へも行きましたから、そのとき川で泳ぎましたよ。水が冷たかったですが、楽しかったです。魚もとてもおいしかったです。

男の人は海で何をしましたか。

もんだい3

1ばん　　正解　2　　p.41

スクリプト　🔊123

これからご飯を食べます。何と言いますか。

男：1　ごちそうさま。

　　2　いただきます。

　　3　いらっしゃいませ。

リスト参照

➔「あいさつ／決まった表現」p.48

2ばん　　正解　1　　　　　　　　　　　　　　　　　p.41

スクリプト　🔊124

友達が旅行に行きました。話を聞きたいです。何と言いますか。

女：1　旅行はどうでしたか。

　　2　どんな旅行がいいですか。

　　3　旅行しましょう。

リスト参照

「どうでしたか」「どんな旅行」➡「質問のことば」p.46

3ばん　　正解　3　　　　　　　　　　　　　　　　　p.42

スクリプト　🔊125

部屋がとても暑いです。何と言いますか。

女：1　窓を開けないでください。

　　2　窓を開けていますよ。

　　3　窓を開けてもいいですか。

リスト参照

「暑いです」➡「天気に関係する表現」p.69

「開けないでください」➡「禁止する」p.58

「窓を開けてもいいですか」➡「許可を求める」p.57

4ばん　　正解　3　　　　　　　　　　　　　　　　　p.42

スクリプト　🔊126

電車で女の人が立っています。女の人に、何と言いますか。

男：1　ここ、座ってもいいですか。

　　2　どうぞ、立ってください。

　　3　ここ、どうぞ。

リスト参照

「座ってもいいですか」➡「許可を求める」p.57

5ばん　　　正解　1　　　　　　　　　　　　　　　　　　　　p.43

スクリプト　🔊127

図書館で本を借ります。図書館の人に何と言いますか。

男：1　この本を借りたいです。

　　2　この本を貸したいです。

　　3　この本を貸しましょうか。

リスト参照

「借りたいです」➡「依頼する 注意」p.56

「貸しましょうか」➡「申し出る」p.57

もんだい4

1ばん　　　正解　1　　　　　　　　　　　　　　　　　　　p.44

スクリプト　🔊129

女：ここに名前を書きたいです。何か書くもの、ありますか。

男：1　こちらのペンを使ってください。

　　2　はい、眼鏡があります。

　　3　いいえ、どこでもいいです。

2ばん　　　正解　3　　　　　　　　　　　　　　　　　　　p.44

スクリプト　🔊130

男：暇なとき、何をしますか。

女：1　はい、今日は暇です。

　　2　本を読んだり、音楽を聞いたりしました。

　　3　いつも散歩をします。

リスト参照

「何をしますか」➡「質問のことば」p.46

3ばん　　正解　**1**　　　　　　　　　　　　　　　　　　　　p.44

スクリプト 🔊131

女：日本の音楽と国の音楽とどちらが好きですか。

男：1　国の音楽のほうが好きです。

　　2　日本の歌を歌いました。

　　3　国の音楽を習います。

リスト参照

「どちら」➡「質問のことば」p.46

4ばん　　正解　**2**　　　　　　　　　　　　　　　　　　　　p.44

スクリプト 🔊132

男：森田さんはもう来ましたか。

女：1　はい、もう休みました。

　　2　ええ、もう来ました。

　　3　いいえ、もう行きました。

5ばん　　正解　**1**　　　　　　　　　　　　　　　　　　　　p.44

スクリプト 🔊133

女：一人で住んでいますか。

男：1　いいえ、妹と住んでいます。

　　2　いいえ、アパートに住んでいます。

　　3　いいえ、駅の近くですよ。

リスト参照

「妹」➡「家族関係を表すことば」p.60

6ばん　正解　1

p.44

スクリプト　🔊134

男：日曜日、どこかへ行きましたか。

女：1　いいえ、どこへも行きませんでした。

　　2　はい、デパートに行きます。

　　3　じゃ、公園へ行きましょう。

リスト参照

「どこかへ」➡「質問のことば注意」p.47